for the future

中学校編

とっておきの道徳授業12

● 現場発！「道徳科」30授業実践 ●

桃﨑剛寿 編著

全授業
パワーポイントスライド
収　録
CD付

キーワードは新学習指導要領からの言葉

日本標準

はじめに

　平成27年3月27日文部科学省は道徳を「特別の教科」とした新たな学習指導要領を告示しました。今回の改正では教材についての規定が新たに設けられ，「生徒の発達の段階や特性，地域の実情等を考慮し，多様な教材の活用に努めること。特に，生命の尊厳，社会参画，自然，伝統と文化，先人の伝記，スポーツ，情報化への対応等の現代的な課題などを題材とし，生徒が問題意識をもって多面的・多角的に考えたり，感動を覚えたりするような充実した教材の開発や活用を行うこと」と規定され，教師が，より積極的な姿勢で教材研究・授業研究を重ね，「教科書」に限定されることなく補助する意味でも，魅力ある教材を活用した道徳科が展開されることこそが，より授業が活性化し，生徒の道徳性の育成につながるという期待に応えたものになっています。

　その意味で，本書及び本シリーズは，教科書を補完する，いや，本音で言えば，教科書が提供する教材をはるかに凌駕し生徒の心に響く教材を提供する気概をもって，ますますその存在価値が増していくと感じ，中学校道徳授業をリードしていくという責務を感じているところです。

　道徳授業づくりに力を入れて四半世紀を超える研究を続ける『道徳のチカラ・中学』（代表：桃﨑剛寿）は，これらの使命を受けて今どきの中学生だからこその道徳授業とは何かを，現場感覚で重点化した内容に，新学習指導要領が示すキーワードとの関連を示した以下の章立てで本書を上梓しました。

　　　第1章　美しい生き方　　　　　　　　　　―将来へのつながり―
　　　第2章　生命の尊厳　　　　　　　　　　　―命のつながり―
　　　第3章　いじめやネットトラブル等規範意識　―他者とのつながり―
　　　第4章　自己肯定感　　　　　　　　　　　―内面とのつながり―
　　　第5章　「社会参画」世のため人のため　　　―社会とのつながり―

　また，チカラある道徳授業であるかの4つのポイント「感動の度合い」「驚きの度合い」「新たな知恵」「振り返りの度合い」の達成度を「星3つ！」形式で表してみました。授業選択の際の参考にしていただけると幸いです。

　さらにこれも大好評の，前号から掲載している「全授業のプレゼンテーションソフトCD-ROM」を特別付録としてつけました。もちろん，いつものように，「ワークシート」をhttp://www3.yomogi.or.jp/nakap/totte12 にアップしています。今までの『中学校編とっておきの道徳授業』教材内容項目一覧（エクセルシート）も，日本標準ウェブサイトからダウンロードできます。どうぞご利用ください。加えて本書には，5人の常連の執筆者が道徳授業に対する思いや授業づくりの方法について書き下ろしました。読者が授業づくりを進めるうえでのヒントになることと思います。

　たくさんの先生方が本書を手にとっていただき，日本全国で実践されますことを心から願います。

　　2015年6月1日

　　　　　　　　　　　　　　　　　　　　　　　　　　　　　　　　　　編著者一同

目 次

はじめに … 3　　　この本の使い方（特長）… 6

第1章　美しい生き方
一将来へのつながりー …7

第1章の授業のポイント …8

1. 小山薫堂さんと倉本聰さんの「チャンス」… 9
2. 黒田博樹投手の決断 … 13
3. マララさんの闘い … 17
4. 学ぶことは生きること … 21
5. メンデルの信念 … 25
6. 福山雅治さんの恩返しと恩送り … 29
■ 私の道徳授業づくりー桃﨑剛寿の場合ー … 33

第2章　生命の尊厳
一命のつながりー …37

第2章の授業のポイント …38

1. かないくん … 39
2. ありがとう！っていっぱい言わせて … 43
3. 「四苦八苦」は本当に"苦"なのか … 47
4. 震災を乗り越えて … 51
■ 私の道徳授業づくりー原口栄一の場合ー … 55

第3章　いじめやネットトラブル等規範意識
一他者とのつながりー …59

第3章の授業のポイント …60

1. いじめる側の心を変える … 61
2. ＳＮＳの気持ち悪さ … 65
3. ちびまる子ちゃんに学ぶいじめ防止 … 69
4. 万引きは人を不幸にする … 73

5．すれ違いざまの優しさ … 77
6．太川陽介さんの仕切り術とは … 81
7．叱る＝温かさ … 85
8．万引きについて考える … 89
■ 私の道徳授業づくり－吉田綾子の場合－ … 93

第4章 自己肯定感
一内面とのつながりー …97
第4章の授業のポイント …98

1．たいせつな　きみ … 99
2．ひびわれ壺 … 103
3．「NG」≠「No Good」… 107
4．本気で生きる … 111
5．高倉健を支えた人 … 115
■ 私の道徳授業づくり－山中太の場合－ … 119

第5章 「社会参画」世のため人のため
一社会とのつながりー …123
第5章の授業のポイント …124

1．親へのプレゼント … 125
2．何のために歌うのか … 129
3．クマともりとひと … 133
4．クリスマスにはおくりもの … 137
5．まってる … 141
6．障がいのある方と共に生きること … 145
7．正しいことは美しい … 149
■ 私の道徳授業づくり－田中利幸の場合－ … 153

おわりに …157　　道徳授業開発のすすめ …158
本書付属のCD-ROMについて …160

この本の使い方（特長）

- 道徳授業の4つのポイント「感動の度合い」「驚きの度合い」「新たな知恵の度合い」「振り返りの度合い」の達成度を「星3つ！」形式で示しました。

- 授業の核となる視点を示しました。

- 付属のCDにある本授業と対応する番号です。

- **白く浮き出ているのが，実施可能な学年を示しています。学年は，一応の目安として考えてください。**
  学級の実態に応じて，実施可能な実践がたくさんあります。

- この授業がなぜ生徒には必要なのか，この教材を開発したのはなぜか，授業の主張が簡潔に述べてあります。

- 資料の概要と授業づくりのアドバイス，授業構成を時間のグラフで示しました。

- ねらいは年間指導計画や重点項目を決める際に参考になります。

- 実際に授業を実施した学年です。

1ページ目

- 指導案ではありません。
  授業の展開例でもありません。
  実際の授業の様子などを追実践可能な形で記しました。
  「授業の事実で語る」本書の理念を具現化したページです。
  発問・指示・生徒の反応が具体的に書かれています。

2ページ目　　3ページ目

- 発問の意図を明示しています。授業構成がわかり，追実践するときに役立ちます。

- ●生徒の感想を読むと，授業のイメージが，より具体化します。
  ●資料やプリントを掲載しています。

- 教材を開発し，授業を実践し，執筆しました！

4ページ目

※著作物を授業で使用する場合は，出典を表示してお使いください。

第1章

美しい生き方
―将来へのつながり―

人生は楽しいことばかりではない。
学校生活の中でも大変なことがあるかもしれない。
その先にも，さまざまな苦難が待ち受けているかもしれない。
でも，そこで精一杯，ふんばってやっていこう。
その先には素敵な人生がある。
先輩の生き方から学ぼう。
「素晴らしき哉，人生！」
生徒にそう思わせる授業がここにある。

1．小山薫堂さんと倉本聰さんの「チャンス」
2．黒田博樹投手の決断
3．マララさんの闘い
4．学ぶことは生きること
5．メンデルの信念
6．福山雅治さんの恩返しと恩送り

第1章 美しい生き方
―将来へのつながり―

● 授業のポイント

「小山薫堂さんと倉本聰さんの『チャンス』」では，著名な2人の失敗は，すばらしい人生への転機であったことを知らせ，逆境に強い心を育てる。

「黒田博樹投手の決断」は，広島東洋カープに復帰した黒田博樹投手の決断までの道のりから，人は何を大切にして生きていけばいいのかを学ぶ。

「マララさんの闘い」「学ぶことは生きること」は，資料はまったく異なるものの，学校で学ぶことの意義，その大切さについて考えさせる授業である。そこから学校生活を充実させようという心を育てる。

「メンデルの信念」は，生物学者G・J・メンデルは研究成果がすぐには認められなかったが，歴史がその重要性を示したことから，自分の信念の大事さを学ぶ。

「福山雅治さんの恩返しと恩送り」は，受けた感謝を直接その人に返すのではなく，他の方に与えるという考え，「恩送り」を知らせることが授業の中心である。恩送りがあふれる社会を形成していこうという意欲につながる。

素敵な人生にふれることは「自分の命を大切にして，精一杯生きていこう」「自分も幸せになれる」という希望にもつながる。第2章「生命の尊厳」や第4章「自己肯定感」にも密接に関連する実践群である。

第1章 美しい生き方 －将来へのつながり－

1年	苦難はすべてチャンスである	感　動 ★★★
2年	**1. 小山薫堂さんと倉本聰さんの「チャンス」**	驚　き ★★★
3年		新たな知恵 ★☆☆
		振り返り ★★☆

CD-ROM
1-1
授業用
パワーポイント

成績の順位や部活の選手枠，高校入試の合否……。中学生は，「あなたには限りない可能性があり何でもできる」となんとなく思っていたのが，さまざまな現実を経験し，自信を失ったり自尊心が揺らいだりする時期です。でも，その小さな挫折や大きな挫折によって人は鍛えられ，ステップアップするものです。そのことに気づかせたいと願って創った授業です。

『じぶんリセット――つまらない大人にならないために』で授業づくり！
小山薫堂（河出書房新社）

◀資料の概要▶
　平凡な毎日でも，「もしも，○○だったら」と空想しながら，日常の「あたり前」をリセットすることから始めると，ちょっとおもしろくなります。『中学校編とっておきの道徳授業』シリーズでよく取り上げられることが多い小山薫堂さんが，常識にとらわれない発想で新しい自分を発見できる，「もしもの魔法」を教えてくれる。

◀授業づくりのアドバイス▶
❶資料をこう生かす！…芸術家やスポーツ選手のすごさを伝えるために，その方の作品やプレーを見せることで伝えることができる。ここでは倉本聰さんのドラマの名シーンを5分間視聴させる。
❷授業構成や発問をこう工夫する！…最初は生徒にとって考えやすいエピソードで考えさせ，次に中学生とは立場が異なるエピソードで考えさせる。そうすることで主である後半のエピソードが考えやすくなる。

●発問●
失敗や挫折をきっかけによい方向へ変わった経験は？

◀授業構成▶

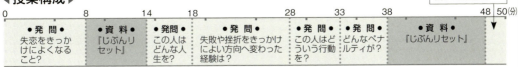

ねらい

失敗や挫折をきっかけによい方向へ変われることに気づく。A[希望と勇気, 克己と強い意志]

準備

・『じぶんリセット——つまらない大人にならないために』
・小山薫堂さんの写真とくまモン, 映画『おくりびと』のポスターの画像。
・ＤＶＤ『北の国から'98時代』小吉が五郎に蛍との結婚の許可を願うシーン

授業の実際（2年で実施）

「失恋」と板書する。「まだみなさんには経験があまりないと思いますが, 失恋することは大きな挫折です」と言って, 生徒全員の顔を見渡すと, 恥ずかしいのか, 思い当たることがあるのか, 下を向いてしまう生徒もいた。「しかし, 時にそれが人生の転機になることもあるんですよね」と言って, 最初の発問をした。

■1 失恋をきっかけに, 人はどんなよい方向へ変わることがあると思いますか。

■資料にふれる前に, 失恋という挫折から学べることを確認させる発問である。
挙手した2人の生徒に発表させた。
・見返してやろうと自分を磨く。
・自分のことをしっかり反省をして, 良い人になっていく。

「それでは, ある脚本家の話をします」と言って, 12ページに掲載している資料1の前半をプレゼンテーションソフトで提示していった。

＜資料1の概要＞
　ある脚本家が高校生のとき, 好きだった女の子の実家がお医者さんで,「理系に進めば, 彼女とずっと一緒にいられる。医者になるしかない」と考えたがフラれてしまい, 文系のクラスを選ぶことになった。

（小山薫堂『じぶんリセット——つまらない大人にならないために』河出書房新社）

■2 この人は, 文系に進んで, どんな人生を歩んだでしょう。

■資料との出会いを印象深くするため, 資料の先を予想させる発問である。
次の三択で考えさせた。
1　テレビや映画で活躍。
2　脚本家になったが, 心機一転, 医者に転身した。
3　結局, その人と結婚！

意外と3に手を挙げる生徒が多かった。
「この人は文系に進んで, 放送作家や脚本家, ラジオパーソナリティ等をされています」と説明した後, くまモンの画像を見せて「くまモンのプロデュースや, 第81回アカデミー賞外国語映画賞を受賞した映画『おくりびと』の脚本家でもある小山薫堂さんです」と説明し, 小山さんの写真や映画『おくりびと』のポスターの画像を提示した。

次の言葉を提示して,「こうおっしゃっています」と言って読んだ。

　もしも, あのときに, あの恋愛がうまくいっていたら……。
　おそらくそのまま理系に進んでいたので, 今の仕事をすることはなかったと思います。

（前掲書）

■3 失敗や挫折をきっかけに, よい方向へ変わった経験はありませんか。

■自分の経験から失敗や挫折をきっかけに学べることを確認させる発問である。
・テストの時間内の見直しが甘かったので, 以降気をつけるようにしたら全体的に点数が上がった。
・1年のときの部活の態度が良くなかったので, 2年生になってから改めたら技術が上がった。

「続いて, これまた別の脚本家の話をします」と言って, 倉本聰さんに関するエピソードを, 倉本聰さんの名前を伏せて「これまた, 別のある脚本家の話です。ＮＨＫの大河ドラ

第1章 美しい生き方 －将来へのつながり－

マの脚本を書いていたときに，プロデューサーと大げんかになり，そのままNHKを飛び出してしまったことがあるそうです」と説明して次の発問をした。

❹この人は，大げんかの直後，どんな行動を取ったでしょう。

■資料との出会いを印象深くするため，資料の先を予想させる発問である。

・謝って許してもらった。
・謝ってもらったので許した。
・その脚本を他の会社に持っていった。
・脚本を書かなくなった。
・NHKの仕事を断るようになった。

「『もうやってられない！ とにかく今すぐ東京から離れよう』と考えて羽田空港に行き，『どこでもいいからいちばん早い便で遠くに行ける飛行機をお願いします』と言って乗った飛行機が＜羽田発千歳行き＞，つまり，北海道に行ってしまったのです」と説明すると，生徒は一様にあぜんとしてしまった。

❺このような行動をとると，どんなペナルティになると思いますか。

■この出来事は武勇伝でなく，当事者にとっては大きな挫折であることに気づかせる発問である。

・NHKはクビになった。
・もう仕事は来ない。
・番組は打ち切りになる。
・業界から追放されてしまう。

「そのようなペナルティがあると考えたうえでの行動だったのでしょうね。さて，その便に飛び乗り，札幌に着くと，たまたま知り合った人がある町を紹介してくれました。その脚本家は，初めてその町に出会い，やがてなんとその町に住むようになったのです。そしてその町を舞台にした名作ドラマが生まれました」と説明し，北海道の地図や富良野市の地図，富良野のラベンダー園の画像を順に提示していった。

そして『北の国から』の画像を見せると，数人の生徒が視聴したことがあった。「テレビドラマ『北の国から』は原作・脚本が倉本聰さんです。主演は田中邦衛さん，出演者に吉岡秀隆さんや中嶋朋子さんなどがいます。1981年10月9日から1982年3月26日まで連続ドラマが，1983年から2002年までスペシャルドラマが放映されました。北海道富良野市が舞台となりました」と説明した。

ドラマのよさはやはり名シーンを視聴させることに尽きる。そこでDVD『北の国から'98時代』の，小吉が五郎に蛍との結婚の許可を願う「オヤジさん，蛍ちゃんをぼくにください」というセリフのシーンから，五郎が泣き伏せるシーンまでの5分間を視聴させた。田中邦衛の，セリフのないなかでの迫真の演技は圧巻である。生徒もシーンとして見入っていた。

静かななかに，12ページに掲載している資料2を配付し，範読した。倉本さんはあのときの挫折がなかったら，今はもう脚本家をやってなかったと思うそうである。

❻失敗や挫折をきっかけに，よい方向へ変わった経験はありませんか。

■2つの資料を通して挫折のプラスの意味を考えた後に，挫折から学べることを振り返らせる発問である。

発表をさせないこと，通信などで紹介しないことを話したうえで書かせた。

机間指導しながら生徒の気持ちに共感する態度を示していった。

発問3と同じ発問なので，資料からの学びが確認できる。より深く考えて書けている生徒が半数以上いた。書けていない生徒も考えを巡らせていた。

・中学入試で思うようにいかなかった。塾に頼りすぎて，受け身になっていたと反省したので，今は自主学習にも時間をきちんと取って取り組むようにしている。なんとなく，自分の力でわかることのおもしろさを感じる。

・小学校の頃，自分の意見が何でも通っていたのでわがままになっていた。友だちが少なくなってしまった。今はあまり自分から言わないで聞き役になることが多くなった。でも今の方が友だちは多くなった。

資料

●資料1

　女の子にフラれたときは，心が張り裂けそうな思いがして，確かにそれはすごく大きな挫折ではあります。しかし，時にそれが人生の転機になることもある。

　僕が高校生のとき，好きだった女の子の実家がお医者さんで，「理系に進めば，彼女とずっと一緒にいられる」と思ったので，「理系を選んで，医者になるしかない！」と心に決めたことがありました。

　僕の高校は，1年生のときは普通に学び，2年生になるとクラスが理系・文系に分かれる仕組みになっていました。しかも，A組は私立文系，Bは国立文系，Cは私立理系，Dは国立理系，そしてEは国立理系の優秀クラスというように分けられている。つまり，理系か文系かを選んで，さらに私立か国立かを選ばなければいけなかった。

　僕は最初E組の国立理系の優秀クラスに行きたかったのですが，なんとその好きだった女の子にフラれてしまい，「もう，絶対理系は行かない！」と，急遽国立文系のクラスを選ぶことになったのです。

（小山薫堂『じぶんリセット──つまらない大人にならないために』河出書房新社）

●資料2

　あるとき，倉本さんと一緒に天草を旅する機会に恵まれたので，思い切って訊いてみました。「もし，あのとき，NHKの大河ドラマを書き続けていたら，どうなっていたと思いますか？」

　すると，倉本さんはこう答えてくれました。「たぶん，今はもう脚本家をやってなかったと思うな。あのときの挫折は本当に今思えば，自分にとっての成功への道しるべだったんだよ」

　倉本さんは，そのときに挫折したからこそ，田舎から都会を眺めることができた。つまり，自分を一度リセットして，現代という時代を見つめ直すことができた。そしてその「現代」を見つめているうちに，そこに向けていろいろな問題提起をする必要を感じて，ドラマを書き続けてきたのです。

（前掲書）

（熊本県　桃﨑剛寿）

第1章 美しい生き方 －将来へのつながり－

1年	こう生きていく
2年	# 2. 黒田博樹投手の決断
3年	

感　動 ★★☆
驚　き ★★★
新たな知恵 ★★☆
振り返り ★☆☆

CD-ROM
1-2
授業用
パワーポイント

　中学生は自立心を育んでいく時期です。しかし，最近はまわりに何でもやってもらう風潮があり，大切にしてもらうありがたさに満たされすぎて，その恩を十分感じ得ていないように思います。2015年広島東洋カープに復帰した黒田博樹投手の生き方はそんな子どもたちにぜひ知らせたい生き方だと思い，この授業を創りました。

黒田博樹投手の広島復帰記者会見
2015年2月16日
で授業づくり！

◀資料の概要▶
　NYヤンキースの投手陣の軸として活躍していた黒田博樹投手は高額オファーを断って，元々所属していた広島東洋カープを選んだ。プロだからこそお金にこだわってもまったく普通であるはずなのに，なぜ彼は決断をしたのか。2006年のファンの「ある応援」がその理由の秘密であった。実在する「美しい生き方」は中学生の心にも感銘を呼ぶだろう。

黒田博樹投手（写真提供：広島東洋カープ）

◀授業づくりのアドバイス▶
① **資料をこう生かす！**…スポーツ選手の10数年の生き方を題材とするので，どうしても説明の部分が多くなる。そこで黒田投手の発した言葉を絞って提示し，心境を考えさせながら事実を伝えていった。
② **授業構成や発問をこう工夫する！**…スポーツ選手の生き方から自分を振り返らせることは距離感があるので，「思いに応えたい人はいますか」と問うだけにし，そのあとに資料に関連する音楽を試聴させて余韻を残す。

◀授業構成▶

ねらい

人の思いを感じ，応えることの美しさを知る。　　　　　　D［よりよく生きる喜び］

準備

・プロジェクター
・資料1～3（16ページに掲載）　生徒数分
・福山雅治のCD『少年』

授業の実際（1年で実施）

授業が始まってすぐ，「2014年，39歳のときの年棒は16億円」と提示した。

❶この人は誰でしょう。

■資料の人物への関心を高めるための発問である。

2人の生徒を指名すると，「会社社長」「プロレスラー」と発言した。

続いて「2015年，40歳のときの年棒は4億円」とプレゼンテーションソフトで提示した。ある生徒が，「あらら」と言ったので，「なぜ，『あらら』と言ったのですか」と聞くと，「えらい，減ってしまった」と言った。「そうだね」と応えて次の発問をした。

❷なぜ年俸がこんなに減ったのでしょう。

■ここも資料の人物への関心を高めるための発問である。

挙手した3人の生徒を指名すると，「仕事が減った」「成績が悪くなった」「何か失敗した」と発言した。

「仕事は減っていません。成績も上々です。何も失敗していません。ニューヨークから日本の広島市に職場を変えたのです」と言うと，「カープの黒田投手」と何人かの生徒が発言した。「プロ野球チームの広島東洋カープはNYヤンキースに属していた黒田博樹投手と契約しました。1年契約で，年俸4億円プラス出来高払い。元々カープの選手でしたか

ら2007年以来の古巣復帰です」と説明した。「1997年から2007年の11年間，低迷する広島東洋カープのなかで103勝した中心投手です。2005年は最多勝利，最優秀投手，ベストナインに，2006年は最優秀防御率のタイトルを得ました」と，補足説明しながら話した。

「2007年，カープから米人リーグに移籍するときの黒田投手の言葉を紹介します」と言って，次の3つの言葉を提示した。

> 「カープで野球人生を終えるのもいいと思ったが，あと何年できるかわからない。もう一度野球に対してチャレンジしたかった」
> 「今の自分があるのは球団のおかげ。チームメートやファンにも感謝の気持ちでいっぱい」
> 「評価されるのもカープのおかげで，また日本に帰ってプレーするなら，このチームしかない」

そして，その後のアメリカでの7年間の成績を，次のようなスライドで説明した。

LAドジャース	NYヤンキース
2008年　9勝10負	2012年 16勝11負
2009年　8勝　7負	2013年 11勝13負
2010年 11勝13負	2014年 11勝　9負
2011年 13勝16負	

「実力と安定感を高く評価され，2015年も21億円を超える年俸でメジャー球団からオファーを受けていたのですが，4億円を提示された広島東洋カープに戻ったのです」と説明し，次の主発問をした。

❸プロの選手なのに，なぜ21億円のメジャーより4億円の球団に戻ったのでしょう。

■多角的に理由を考えさせ，黒田投手の純粋な気持ちに気づかせるための発問である。

最初の3分間は各自で考え，ワークシートに書かせた。さらに，多様な考えが出るよう

第1章 美しい生き方 －将来へのつながり－

に，席が近い人同士で自由に話し合った。
　出た意見のなかに，「本音はこうではないか」と深く考えた意見がいくつか出てきた。
＜カープ愛＞
　①広島東洋カープが好き。
　②広島東洋カープを優勝させたい。
＜本音の部分＞
　③お金はいっぱい稼いだからもういらない。
　④今戻れば，自分の人気が上がる。
　⑤年齢的に限界を感じている。
　⑥アメリカの生活がつらい。
　⑦アメリカでの野球があわない。日本の野球の方が合っている。
　③〜⑦は，発表した生徒に補足説明をさせた。例えば⑦であったら，「どんなところがあわないのかな」とたずね，「試合が多いこと」「ルールが少し違うところ」などその生徒は答えた。
　さらに，それぞれ賛同するか挙手で確認していった。①と②はほとんどの生徒が挙手した。③〜⑦はそれぞれ10人以内であった。反対意見として，③には，「お金はいくらあっても欲しい」，④には，「それにしてはお金が多すぎないか」，⑤には，「成績は下がっていない」等の意見があった。
　「それでは，本人の言葉から考えてみよう。2015年2月16日の復帰記者会見では，8回『決断』という言葉を使いました。そのなかから3つ，移籍に至った理由に関係する文章を示します」と言って，次の3つを提示した。

> 　年齢・体力面を含めて考えた時にカープに帰るとしたら今年が最後ではないかと自分の中で勝手に判断していたこともあったので，今回の決断をしました。

　「発表にあった『限界』のことでしょうか」と説明した。

> 　1球1球にどれだけの気持ちを込めて投げられるかと考えた時に，カープのユニフォームを着て投げて最後の1球になった方が，後悔が無いと思い復帰を決断しました。

　「これは①と⑦に関係するかもしれませんね」と説明した。

> 　カープ復帰の決断は球団の熱意もありましたが，最後には（　　　　　）でした。

4 （　　　）の中は何だと思いますか。
■思いや気持ちは通じると気づかせる発問である。
　・ファンの思い　　・ファンとの約束
　・チームの仲間
　「そうですね。『ファンの人たち』です」と言って次の問いをした。

5 広島東洋カープのファンはどのようにして「残ってほしい」という熱い思いを伝えたと思いますか。
■相手を思う心が伝わったときのすごさに気づかせるための発問である。
　・署名運動　　・募金　　・試合での応援
　「次のような応援があったのです」と言って，資料1を提示し，読み上げた。映像があれば視聴させてもよい。そして資料2を大きく提示し，最初に移籍を考えたときのファンからのメッセージに黒田投手が感銘を受けたことを知らせた。

6 「心を動かしてもらったので今度は逆に自分がその人の気持ちを動かしたい」と思う人はいますか。
■自分なりに，愛されたことに感謝し，その人のためにがんばりたいと思った経験を問う発問である。
　「誰かはたずねないから，いるという人は挙手してください」と言うと，10人ほどが手を挙げた。「先生にもいます。なんといっても，お世話になった先輩の先生方ですね」と話した。
　最後に資料3を読み上げ，「カープへの復帰の後押しをしたという曲を聴いて授業を終えましょう」と言い，福山雅治の『少年』を聴かせた。曲にあわせて歌詞を提示し，黒田投手の思いに共感させて授業を終えた。

● 資料1
FA権を取得した2006年10月16日，広島東洋カープのファンがスタンドに掲げた横断幕

> 「我々は共に闘って来た
> 今までもこれからも…
> 未来へ輝くその日まで
> 君が涙を流すなら
> 君の涙になってやる
> 　　　　Carpのエース 黒田博樹」

● 資料2
　2006年に最初のFA権を取得した際の最終戦でファンの人たちに心を動かしてもらったので，今度は逆に自分がそのファンの人たちの気持ちを動かせれば良いかなという気持ちが一番強かったです。
　あのライトスタンドでの横断幕はなかなか経験させてもらえるものでは無いので，野球人として素晴らしいゲームだったと思っています。

● 資料3
　去年たまたま広島にいるときに福山雅治さんのコンサートに行かせていただいて。『少年』って曲を聴いた時，すごく自分にかぶるような気がした。その時はアメリカに残るか広島に戻るか，自分の中でいろんなことを探していた時期。その曲は自分の中では今回の決断を後押ししたという意味で，そこまではいかないかもしれないですけど，タイミングよく聴けたなって思いますね。

（熊本県　桃﨑剛寿）

第1章 美しい生き方 －将来へのつながり－

1年
2年
3年

美しい生き方

3. マララさんの闘い

感 動	★★☆
驚 き	★★☆
新たな知恵	★★★
振り返り	★☆☆

CD-ROM
1-3
授業用
パワーポイント

　マララさんは，11歳のときにブログで女子の教育を受ける権利を訴えました。しかし，タリバンの武装勢力から銃撃を受け，意識不明の重体，5時間にも及ぶ大手術で奇跡的に命を取りとめます。入院先からも力強いメッセージを発信し，2014年にはノーベル平和賞を受賞しました。義務教育として教育を受けることを当たり前に思う生徒たちに，学校に来て勉強ができるのは決して当たり前のことではないことに気づかせたいと願って創った授業です。

マララさんのノーベル平和賞受賞決定を受けてのスピーチ で授業づくり！

マララ・ユスフザイさん（写真提供：EPA＝時事）

◀資料の概要▶
　マララさんはノーベル平和賞受賞決定後のスピーチで，「すべての子どもたちに学校へ行ってほしい。すべての子どもに学校へ行って，教育を受けてもらいたいです。そこには，2つの選択肢がありました。沈黙したまま殺されるのを待つか，声を上げて殺されるか。私は後者を選びました」と，学びたい気持ち，将来の夢を叶えたいという気持ちを訴えた。

◀授業づくりのアドバイス▶
■1資料をこう生かす！…ノーベル平和賞受賞決定後に行われたスピーチは世界の教育の現状とマララさんの願いがよく表れているので，平和の大切さや強い意志などのさまざまな気づきが得られる。
■2授業構成や発問をこう工夫する！…マララさんの写真からすぐ授業に入り，ノーベル平和賞受賞の理由を発問する。11歳で教育の重要性を訴えたのがきっかけとなり，世界から注目を浴び，タリバンの武装勢力から銃撃された。しかし，それでも教育を受ける権利を主張する姿から，当たり前に受けている教育のありがたさに気づかせる。

◀授業構成▶

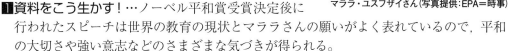
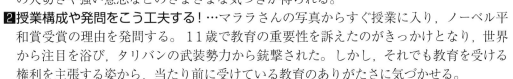

0	4	8	13	18	23	27	36	40	45	50(分)
●発問● マララさんは何の賞を受賞した？	●発問● 受賞理由は？	●資料● パキスタンの当時の教育状況	●発問● 何歳で表明したのか？	●発問● 何が起きた？	●資料● 事件の状況	●発問● マララさんの言葉をどう思う？	●資料● ノーベル平和賞受賞決定後スピーチ	●発問● どんなことがわかるか？	●発問● マララさんの生き方から学んだことは？

ねらい

学校に来て教育を受けられるのは，決して当たり前のことではないことに気づき，自分の生き方を考える。
　　　C［よりよい学校生活，集団生活の充実］

準備

・マララさんの写真
・マララさんのノーベル平和賞受賞決定後スピーチの抜粋（20ページに掲載）
・ワークシート生徒数分

授業の実際（1年で実施）

マララさんの写真を提示して，この人は誰かたずねると，すぐ「マララさんだ」という声があがった。

❶マララさんは何の賞をもらったのでしょうか。

■賞の名称を知っている生徒も大勢いると思うので，抵抗が少ない発問である。また自分たちとほとんど変わらない年齢であることに気づかせる発問である。

すぐ「ノーベル平和賞」と何人もが答えた。答えたひとりの生徒に「最年少とありますが何歳でしょうか」と聞くと，「20歳かな」と答えたので，「17歳です。君たちより4歳または5歳だけ年上です」と説明すると，「へえー」と驚きの声があがった。意外と，正確な年齢まではわかっていなかった。

❷マララさんはどんな理由でノーベル平和賞を受賞したと思いますか。

■マララさんの一貫した主張が何であったのかがわかる発問である。

知っている生徒も多いと思われたので，近くの友だちと相談して教え合いをさせた。「何か平和に貢献したからかな」というような声がよく聞かれた。

発表はさせずに解説をした。「教育を受ける権利のことです。マララさんは，若いながらもすでに何年もの間，少女が教育を受ける権利のために闘ってきました。非常に危険な状況下で自らを模範とし，子どもや若者でも状況を向上できることを示したのです。少女らが教育を受ける権利の代弁者となったのです」と説明した。

地図を提示しながら，「マララさんはパキスタンで生まれました。パキスタンには義務教育がありません。マララさんは匿名でブログに，イスラムの武装勢力であるタリバンが女子の登校禁止を命じたから，学校に行くのが怖くなったこと，授業には生徒27人のうち11人しか出席しなかったことを書き込みました」と説明した。

「危険だと思いませんか」と投げかけると，「だからタリバンからねらわれた」「ひとりの女子でもねらわれるのかな」などの声があがった。

❸危険を承知のうえで，この書き込みをしたのは何歳ぐらいだと思いますか。

■自分たちよりも年下であることを印象づけるための発問である。

ひとりの生徒を指名すると，「15歳か16歳ぐらい」と答えた。「11歳です」と伝えると，「私だったら怖くて書けない」「勇気がある」などのつぶやきが聞こえた。「自分ならできると思う？　できないと思う？」とさっと挙手させると，全員「できない」方に手を挙げた。

❹2012年，ある出来事が起こりました。それは何だと思いますか。

■日本では考えられない出来事なので驚く生徒もいるだろう。

近くの友だちと相談して考えるよう指示をした。
・ブログが炎上した。
・タリバンが女子への教育を認めた。
・海外へ脱出した。
・タリバンに逮捕された。

「マララさんは，下校中のバスに乗り込ん

第1章　美しい生き方　－将来へのつながり－

できた覆面の男に銃撃され，頭と首に2発の銃弾を受けました。5時間にも及ぶ大手術が行われ，奇跡的に命を取りとめました」と説明をした。

銃撃後の写真などは刺激が強いので見せなかった。それでもいやな表情をする生徒が数人いた。

「入院中のマララさんのメッセージです」と言って，次の言葉を板書し，30秒ほど黙って見つめさせた。

> 『私は（すべての子どもが教育を受けられる）夢の国へ向かう旅の途中にいる。転んでも立ち上がり歩き続ける』
> 信濃毎日新聞2014年10月11日付（共同通信配信）

5 マララさんの言葉をどう思いますか。

■危険を承知のうえで主張を続けるマララさんの生き方をより印象づけるための発問である。

静かに考えさせ，ワークシートに書かせた。机間指導しながら，異なる意見の4人のワークシートに赤ラインを加え，発表するよう伝えた。

・私だったら怖くてできない。マララさんは本当に強い人だと思う。
・教育を受けられない子どもたちのために声を上げるマララさんの勇気を学ぶことができた。
・他の人が動き出すのを待っているのじゃなくて，自分から動き出し，先頭に立って変えていく勇気がある。
・どんなに危険なことやつらいことがあっても，ずっとあきらめずに訴えていけばいつか伝わる。

このあとにノーベル平和賞を受賞したことを伝え，資料を配付し，「受賞後のスピーチです」と説明して範読した。

6 このスピーチからどんなことがわかりますか。思ったこと，気づいたことを書きなさい。

■世界の教育の現状とマララさんの願いがよく表れているので，さまざまな気づきが得られる中心発問である。

全員起立させ，一人ずつ発表させた。異なる意見がなくなった生徒から着席させていった。

・教育を受けられない子どもたちのために自分が声を上げて，自分の意志をみんなに言ってすごいと思った。
・自分が待っているだけでは何も起きないと，17歳で武装勢力に立ち向かい，子どもの権利を訴えてすごいと思った。
・年齢が若くてもあきらめなければ，訴えが伝わることがわかった。
・5700万人の子どもたちのために，「言葉」から始めて，いろいろな活動に取り組むマララさんはかっこいいと思った。

7 マララさんの生き方からどんなことを学びましたか。

■マララさんの生き方と今の自分の生活を比べて，これからの生き方を見直すための発問である。

5分くらいは時間が取れた。以下，ワークシートに書かれたひとりの学びである。

・小さいときから女子が教育を受ける権利のために訴え続け，自分の命がねらわれても立ち上がっていくマララさんは本当にすごいと思いました。他の誰かが何かをしてくれるのを待つのではなく，自分や他の子どもたちの権利のために，立ち上がり何があろうと訴え続けることは本当にすごいことだと思います。私は普通に学校に通うことができるのに，一生懸命勉強をしていませんでした。でもマララさんのような人がいることを知り，もっと一生懸命勉強したいです。

●マララさんのノーベル平和賞受賞決定後のスピーチ（抜粋）

2014年10月10日　イギリス　バーミンガムにて

　受賞（の決定）が，終わりではありません。私の運動の終わりではなく，ここからが始まりだと思います。すべての子どもたちに学校へ行ってほしい。いまだに5700万人もの子どもたちが教育を受けられず，小学校にすら通えていません。すべての子どもに学校へ行って，教育を受けてもらいたいです。

　私自身，（パキスタンの）スワト渓谷で同じ境遇でした。ご存じでしょうが，そこはタリバンの支配下にあり，学校に行くことが許されていませんでした。当時，私は自分の権利のために立ち上がり，声を上げると言いました。ほかの誰か（がどうにかしてくれるの）を待つことなく，自分が声を上げようと決めました。

　そこには，2つの選択肢がありました。沈黙したまま殺されるのを待つか，声を上げて殺されるか。私は後者を選びました。当時はテロの恐怖があり，女性は家の外に出ることが許されず，女子教育は完全に禁じられ，そして人々は殺されていました。

　私は学校に戻りたかった。だから，声を上げなければならなかったのです。私も教育を受けられない女の子の1人でしたが，学びたかったのです。勉強をして，将来の夢を実現したかったのです。

　普通の子どもと同じように，私にも夢がありました。あのころ，私は医者になりたいと思っていました。でも，今は政治家になりたいです。それも，良い政治家に。

　学校に行けないと聞いたとき，もう医者にはなれないと思いました。将来なりたいものになれることはなくなると。13歳か14歳で結婚するような人生を送るのだろうと。学校にも行けず，本当になりたいものにもなれず。だから，声を上げようと決めたのです。

　自分の経験を通じて，自分たちの権利のために立ち上がるべきだと，世界中の子どもたちに伝えたいです。ほかの誰かを待つべきではない。子どもたちの声はより力強い。弱く見えるかもしれないけれど，誰も声を上げない時に声を上げれば，その声はずっと大きく響き，みんなが耳を傾けざるを得なくなるのです。

　私のメッセージはこうです。世界の子どもたちよ，権利のために立ち上がれ。

　私がもらったのはノーベル平和賞ですが，ノーベル賞委員会が私にだけくれるわけではありません。この賞は，声なきすべての子どもたちのためのものです。子どもたちの声を聞かなければならないのです。私は子どもたちのために語り，子どもたちと共に立ち上がり，自分たちの声を届けようという彼らの運動に加わります。

　世界は子どもたちの声に耳を傾けなければなりません。子どもたちには権利があります。良質な教育を受け，児童労働から解き放たれ，人身売買の被害に遭わない権利が。幸せな人生を送る権利があるのです。だから私はこうした子どもたちと共に立ち上がります。今回の賞はほかでもない，子どもたちのためのものです。勇気を与えるものなのです。〔中略〕

　最後に，皆さまの支援に心から感謝しています。私は自分がノーベル賞に値するとは思わないと言ってきました。今もそう思っています。

　でも，この賞は，これまで私がやってきたことに対するものだけではありません。活動を前に進め，継続できるよう希望と勇気を与えてくれるものでもあります。何百人，何千人，何百万人もの人に私は支えられ，私は自分を信じることができ，たった1人ではないことを知ることができました。

信濃毎日新聞　2014年10月18日付（共同通信配信）

（長野県　岡部　仁）

第1章 美しい生き方 －将来へのつながり－

1年	教育を受けられることに感謝の念を抱く	感 動 ★★☆
2年	**4. 学ぶことは生きること**	驚 き ★☆☆
3年		新たな知恵 ★★★
		振り返り ★☆☆

CD-ROM 1-4 授業用パワーポイント

　中学生の多くは教育を受けられるありがたさを実感することは少なく，何の疑問もさしはさまずに上級学校への進学を決めていくのが現状です。視野を広げ，なぜ人は学ぶのか，そのためにどのような努力をすべきなのかを知ることにより，学ぶことの価値，学ばせていただくことのありがたさに気づかせたいと考えます。そこで，夜間中学校を取り上げ，そこに生きる人々の姿を通して自己を見つめ直してほしいと願って創った授業です。

『83歳の女子高生球児』 上中別府チエ（主婦の友社） で授業づくり！

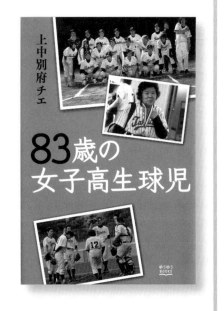

◀資料の概要▶
　『83歳の女子高生球児』は，76歳にして一念発起して夜間中学生になった筆者が学ぶことの楽しさを実感し，さらに定時制高校へと進学する自らの姿を書き綴ったものである。

◀授業づくりのアドバイス▶
1 資料をこう生かす！…資料がもつ力をダイレクトに伝えるため，説明を減らし，客観的に淡々と読むことを心がける。
2 授業構成や発問をこう工夫する！…主発問に至るまで，クイズを交え，小さな発問を重ねながら関心を引き出していく。後半は，自らの置かれている立場を認識させることにより，学べることに対するありがたさに気づかせ，感謝の気持ちをもって真剣に日々の学習や進路を考える道筋をつける。

◀授業構成▶

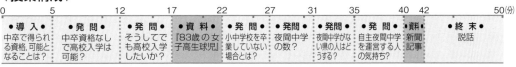

0	5	12	17	22	27	31	35	40	42	50(分)
●導入● 中卒で得られる資格，可能となることは？	●発問● 中卒資格なしで高校入学は可能？	●発問● そうしてでも高校入学したいか？	●資料● 『83歳の女子高生球児』	●発問● 小中学校を卒業していない場合とは？	●発問● 夜間中学の数？	●発問● 夜間中学がない県の人はどうする？	●発問● 自主夜間中学を運営する人の気持ち？	●資料● 新聞記事	●終末● 説話	

21

ねらい

人は学びによって成長することに気づき，学べる幸せに感謝して充実した生き方を追求する態度を養う。　A［向上心，個性の伸長］

準備

- 『83歳の女子高生球児』
- 「福島県内唯一『自主夜間中学』運営　学び直し応援　公立設置願い活動続ける」（福島民報2014年11月3日）（24ページに掲載）
- 「川口の自主夜間中学生，まばゆい巣立ち『友情勉強みんな大切』」（埼玉新聞2014年3月31日）
- ワークシート生徒数分

授業の実際（3年で実施）

はじめに黙って「学ぶことは（　　　）こと」と板書した。

「中学校を卒業すると手に入る資格は何でしょう」と問いかける。「高等学校に入れるようになること」という声があがった。「そのとおり」と言って「高等学校入学資格」と板書した。そのような資格があることを初めて知る生徒が多かった。ここでワークシートを配付して記入させた。

❶中学校を卒業せず，高等学校入学資格が得られなかった場合，高等学校に入学することは可能でしょうか。できるとしたらどのような方法があると思いますか。

■常識を覆し，新たな知見に出会わせるための発問である。

自分が考えたことをワークシートに書いたうえで，ペアを組み意見交換させた後，指名した。教科の授業ではほとんど発言することのない生徒が「夜の中学校だ」と言った。「それは定時制高校のことじゃないの」と言って揺さぶると，その生徒は「違う。夜の中学校。テレビで見た」と自信に満ちた顔で答えた。「よく知っているね」と評価し，「中学校卒業程度認定試験を受験して合格するか，『夜間中学』という『夜の中学校』を卒業して高等学校入学資格を取るかです」と説明した。

❷あなたは，認定試験を受けたり，夜間中学に通ったりしてでも，高等学校に入学したいですか。それはなぜですか。

■自分の立場に置き換えて考えさせるための発問である。

挙手させると「はい」が25人，「いいえ」が8人であった。「はい」の理由は，高等学校を卒業しないと就職が難しくなるからという意見が圧倒的に多かった。

「今から7年前，神奈川県に76歳で夜間中学に入学した人がいます。名前を上中別府チエさんと言います」と伝え，名前を板書する。続けて，『83歳の女子高生球児』を紹介し，学校に通って勉強できることを心の底から喜んでいることを知らせた。とくに，チエさんが勉強することの楽しさに目覚め，同居する娘さんに嘘をついて夜更かしして勉強を続けたというエピソードを，生徒は感慨深く聞いていた。

「夜間中学というのは『公立中学校の夜間学級』のことです。東京都では，
1．小学校，中学校を卒業していない
2．都内在住，または在勤
3．15歳以上
の場合が通うことが可能です」と説明した。

❸義務教育なのに小中学校を卒業していないとは，どのような場合だと思いますか。

■多角的に考える必要性を認識させる発問である。

- 戦争や貧困が原因で学校へ行けなかった。
- 日本在住の外国人。
- 不登校で学校に行けなくて，卒業できなかった。

「そのとおりです。戦中戦後の混乱で義務教育を修了できなかった中高年層が主な対象でしたが，新聞記事（福島民報2014年11月3日）によると，平成25年5月時点では生徒総数1,879人のうち1,442人が外国人となっています」と説明した。

第1章　美しい生き方　－将来へのつながり－

4 現在，日本全国に夜間中学は何校あると思いますか。三択です。
　①50未満　②50以上100未満
　③100以上
■意表をつく発問である。3択で答えさせた。
　①50未満に14人，②50以上100未満に14人，③100以上に5人手を挙げた。答えは31であると明かした。「多いと思うか少ないと思うか」とたずねると，ほとんどの生徒が驚いたように「そんなに少ないの」と声をあげた。しかも8都府県にしかないことを説明した。

5 夜間中学がない県では，高等学校に入学したい人はどうしていると思いますか。
■さらに深く疑問を追究させるための発問である。
　自由な発言を求めたが，「定時制高校なら入学できるのではないか」という意見が出たのみであった。
　「夜間中学がない県では，有志の方々が自分たちで自主夜間中学をつくっているところがあります。ただし，文部科学省が認可した学校ではないので，卒業しても資格は得られません。そこに，中学校卒業程度認定試験を受験して，高校入試合格をめざす人たちが集まって勉強しています」と説明した。生徒たちは一様に驚いた表情を見せた。

6 自主夜間中学を作っている人はどんな気持ちで運営をしていると思いますか。
■引き続いて，深く疑問を追究させるための発問である。
　2人挙手したので発表させた。
　・がんばってほしい。
　・役に立てればうれしい。
　「新聞で紹介されていた人は，亡くなった弟さんが中学時代に不登校で，弟のような人を1人でもなくしたいという気持ちで発足されたそうです」と説明した。
　次に，2014年3月31日付の埼玉新聞の記事「川口の自主夜間中学生，まばゆい巣立ち　『友情勉強みんな大切』」のなかから，卒業生や保護者，スタッフたちが一人ずつ話した自分の好きな言葉を紹介した。
　・県立高校へ行く生徒「志が好き。持っているからがんばれる」
　・1年生「友情。困ったときに助けてくれたから」
　・PTA「笑顔。言葉がわからなくても，相手が笑顔でいてくれたらうれしい」
　・ルーマニアから来日して4カ月の母親「希望です」
　・小学校の勉強をやり直している日本人男性「大切。勉強も家族も，みんな大切だから」
　・金属工場で働くベトナム人男性「地道。地道にがんばります」
　・長い間，引きこもりで，夜間中学に通う女性「感謝です。おかげで就職できました」
　授業の最後に以下の説話をして終えた。
「冒頭，『学ぶことは（　　）』と板書しましたが，みなさんにとっては何だと思いますか」と言って，数秒間沈黙した。「先日，大阪の夜間中学の参観に行ってきました。そこは規模も大きく，生徒さんのほとんどは70～80代で，戦争のために小中学校に通えなかった人たちでした。そこで，学ぶことの楽しさに目覚め，実にいきいきと授業に参加する人たちには正直圧倒されました。ただただすごいです。
　また，夜間中学とは直接関係ありませんが，先日，宮城県の被災地の中学校で授業をさせていただきました。つらい経験をした子どもたちは，必死に自分たちの未来を見ようとしていました。その授業のなかで夜間中学の話をしたのですが，その話を聞きながら涙を流す生徒がいました。話を聞いてみると，『自分の知らなかった話を聞き，感じるものがあった』と言ってくれました。
　この2つの話に共通することは，私たちが『あたりまえ』と思っていることは実は本当に『有り難い』こと。それを失ったり，もち得なかったりする人たちの話を聞くことで初めて気づくことができることです。
　だから，先生が学んだことは，『学ぶことは生きること』です」と思いを話し，授業を終えた。

生徒の感想

- 中学校を卒業しなくても高校に入学できる方法があると知り,驚いた。
- 夜間中学が31しかないことにびっくりした。各都道府県に1校あれば。
- 夜間中学は,勉強するだけでなく,人間関係をつくるところだと思った。
- 学校に通うのはあたりまえと思っていたが,とても幸せなことだと感じた。
- 勉強できることに感謝して,しっかりと学ぼうと思った。
- 一日一日を大切にしようと思った。
- 「学ぶことは生きること」の意味が少しわかった気がする。
- 卒業証書をもらうことを大切にしたい。
- 学ぶことで,これからの未来を切り開いていけると思った。

資料

●福島県内唯一「自主夜間中学」運営 学び直し応援 公立設置願い活動続ける

　勉強したい人の気持ちに応えたい――。福島市の薬剤師大谷一代(いちよ)さん(51)は県内唯一の「自主夜間中学」を運営し,さまざまな事情で小中学校で満足に学べなかった人に勉強を教えている。東日本大震災が起きた際は避難所や仮設住宅を回り,子どもが学習する場を設けた。「修学の機会を逃した人は多いはず」。公立夜間中学の設置を願い「授業」を続ける。
　「ドゥ ユー プレイ ザ ピアノ?」
　「『プレイ』は『弾く』という意味にもなるんですよ」
　「初めて知った」
　福島市の無職の男性(75)は中学英語の教科書に目を輝かせ,大谷さんの説明に聞き入る。男性は幼少のころ,戦後の混乱で思うように勉強ができなかった。高齢になり,もう学ぶ機会はないのかと諦めていた時,夜間中学があるのを知った。通い始めて1年半ほどになる。男性は「学習したい気持ちは若いころよりあるのに,なかなか覚えられない」と,英文の書き取りを繰り返す。
　「自主夜間中学」は「福島に公立夜間中学をつくる会」が運営し,大谷さんが代表を務める。登録会員は退職した教員ら約20人で,会員の会費などで賄っている。毎月2回,福島市曽根田町のMAXふくしま4階に入るアオウゼに「福島駅前自主夜間中学」の看板を掲げる。
　大谷さんには4年前に44歳で他界した弟がいる。中学時代に不登校になった。「弟のような人を1人でもなくしたい」。つくる会を発足させ,平成23年1月に開校した。
　2カ月後に震災が起きる。教室が使えなくなり休校を余儀なくされた。浜通りなどから避難してきた住民の避難所や仮設住宅を回った。学校に通えない児童に勉強を教えた。被災した施設が復旧し,同年5月に運営を再開した。
　「自主夜間中学」には市内を中心に約20人の生徒が登録している。小中学校に通えなかったお年寄りや家庭の事情で勉強できず,学び直したいという人が多い。いじめや不登校の理由で通った子どももいた。
　授業では主に中学校の教科書を使う。登録会員のうち6人がボランティアで先生役を務める。交代しながら生徒の習熟度に応じて個別に教えている。一般的に公民館や学習センターで開かれている勉強会よりも基礎的な内容を,時間をかけて指導するのが特徴だ。
　夜間中学を希望する人に追い風が吹く。文部科学省は今年7月,各都道府県に公立夜間中学を最低でも1校設置できるよう自治体に財政支援する方針を固めた。県教委は公立夜間中学の設置検討に向けた調査を始める。
　大谷さんは「学習する機会に恵まれない人は各地にいる。公立の夜間中学設置に向け,県には,きめ細かな調査を望む。1人でも多くの人に手を差し伸べてほしい」と語る。

福島民報　2014年11月3日付

(神奈川県　牧野健宏)

第1章 美しい生き方 －将来へのつながり－

1年	信念の人
2年	**5. メンデルの信念**
3年	

感 動	★★☆
驚 き	★★☆
新たな知恵	★★★
振り返り	★☆☆

CD-ROM 1-5 授業用パワーポイント

　「自分の信じたことをやりとげること」はなかなか難しいものです。困難を乗りこえた人のみが栄光をつかみ取ることができるのでしょうか。いいえ、みんながそうではありません。そして栄光がなくても、その業績がひょんなことで人々の役に立つことがあるのも歴史が示しています。つまり、「何かを成すときは自分の信念が大事である」ということを考えられる授業です。

「第11話 G・J・メンデル」
『栄光なき天才たち 2巻』伊藤智義/作　森田信吾/画（集英社）

で授業づくり！

※現在、絶版。

◀資料の概要▶
　遺伝学のもととなる法則を発見したオーストリアの生物学者・司祭であるG・J・メンデルの伝記マンガ。幼い頃は困窮していたが、修道院で司祭の道を選び、教師の仕事もしながら8年間にわたりエンドウマメの交配実験を繰り返した。1865年に「植物の雑種に関する実験」という論文を研究会で発表したが、人々の関心をひくことはなかった。

◀授業づくりのアドバイス▶
1. **資料をこう生かす！**…資料にマンガを使う場合は展開がおもしろいので、途中で切りながら発問を入れていく。また、感情を込めてセリフを読むとさらによい。
2. **授業構成や発問をこう工夫する！**…導入でみんなの知っている資料を使い、その資料に繋がるマンガに入り、その世界に入り込めるようにメンデルが思ったことや考えたことを問いながら、最終的には、自分に投影できるようにした基本型の流れである。

◀授業構成▶

0	3	6	9	12	15	25	28	33	36	38	41	45	50(分)
●導入● DNAの分子模型	●発問● 何の模型？	●発問● DNAって何？	●資料● DNAの歴史・メンデルの写真	●発問● メンデルの仕事は？	●資料● マンガ「G・J・メンデル」	●発問● メンデルの気持ちは？	●資料● マンガ「G・J・メンデル」	●発問● なぜ拒否した？	●資料● マンガ「G・J・メンデル」	●発問● 何と言った？	●資料● マンガ「G・J・メンデル」	●感想●

25

ねらい

ものごとを正しく判断し，その結果を信念をもってやり抜く強い意志を育てる。
　　　　　　A［希望と勇気，克己と強い意志］

準備

・「第11話　G・J・メンデル」『栄光なき天才たち 2巻』
・DNAの分子模型
・DNA構造発見までの歴史を調べたもの
・メンデルの顔写真
・実物投影機
・ワークシート生徒数分

授業の実際（3年で実施）

ワークシートを配付し，実物模型を見せた。

（写真提供：原口栄一）

❶この模型は何の模型でしょうか。

■メンデルの研究があってこそのDNA模型であるということを教えるための発問である。

DNAや遺伝子など，正解は多かった。「DNAの1億倍分子模型です」と説明し，次の発問をした。

❷DNAって何の役に立っているのでしょうか。

■説明する前にDNAについての知識を確認する発問である。

「親の形質などの情報を子どもに伝える」「犯罪捜査のDNA鑑定で役立っている」などの答えが出てきた。やはり，理科で学んだ後なので，答えられる生徒は多い。

「親の遺伝情報を子どもに伝えることに役立ちます。生物分野で教えましたね。では，簡単にDNAのらせん構造がわかるまでの歴史をさかのぼって教えます。まず，ジェームス・ワトソンとフランシス・クリックが1953年に『DNAは，この模型のように二重らせん構造である』ことを発見しました。次に……」というように，途中いくつかの事例をはさみ，「ついにメンデルに行き着くわけです。というわけで，メンデルの人生についてマンガで授業をします」と言いつつ，メンデルの写真を黒板に貼る。

❸メンデルの仕事はどんな仕事で，小さい頃はどんな人だったのでしょう。

■資料に入る前にメンデルに関心をもたせるために，写真から想像させる発問である。

【仕事】
　科学者　農家　バーテンダー　理科教師
　医者　牧師　自営業　社長　新聞配達

【どんな人】
　何事にも興味をもつ。好奇心旺盛。
　本をよく読む。貧しい。熱心に勉強する。
　頭がいい。やさしい。物静か。

「仕事は修道士，神父さんといえばいいかな。子どもの頃は……それはマンガで読みます」と言って，「第11話　G・J・メンデル」（62～77ページ）の資料1を配付し黙読させた。

> **資料1の概要**
> 少年時代は勉強が得意だったので夢

第1章　美しい生き方　－将来へのつながり－

は科学者になること。しかし家が貧しいために大学には進めず，修道士となった。修道院の活動の一部として教師の仕事もしていた。そんなときにふと，エンドウマメの畑を見ていると，エンドウマメの花や豆の形態がある割合で存在するのではないかという疑問がわきあがってきた。そこで修道院の植物園でエンドウマメの人工交配実験を始めた。8年間，1万数千株のエンドウマメを調べた。その結果は，メンデルの直感通り1つの単純な数式となっていったのである。論文「植物の雑種に関する実験」のなかで，遺伝子という概念を導入して，法則性を数式として表した。

1865年，ブルノ自然科学会において発表。しかし，人々の反応はまったくよくなかった。理解されなかったのである。

その夜，メンデルは泣いた。

(伊藤智義／作　森田信吾／画「第11話 G・J・メンデル」『栄光なき天才たち 2巻』集英社)

4 この日の夜，メンデルは泣きました。どんな気持ちから泣いたのでしょうか。

■大変な努力を積み重ねての論文発表における悔しさを感じ取らせる発問である。

・バカにされたりアマチュアと言われての悔し泣き。
・自分の考えが他人に理解されなかった。
・うまく自分の努力の思いが伝えられず，そんな自分の性格が嫌になった。
・8年間かけてきたことが報われなかった。
・本当に言いたいことが言えなかった。

「それでは続きを見ましょう」と言って，前掲書（77～82ページ）の資料2を配付した。

資料2の概要
途中で主張を引っ込めてしまった自分が，たまらなく情けなかったから泣いたのであった。その後，修道院の院長に推された。そのために毎日の仕事が忙しくなり，植物の研究どころではなくなってしまったのだ。

そんなとき，国がすべての宗教施設に課税することになり，役人が修道院にも通達にやってきた。まわりの予想とは逆に，メンデルは不当な税は払えないと断ったのであった。最初の頃は，賛同者も多かったのだが，しだいに熱は冷めていき，メンデル1人が拒否することとなった。そのうえ，病に倒れて院内で孤立することとなったのだ。何度もやって来る役人が財産申告書にサインを強要する。しかし，メンデルは修道院の活動が停止してしまうとして，拒否を貫くのであった。　　(前掲書)

5 メンデルは，何と言ったでしょうか。

■メンデルの信念を感じ取らせる主発問である。

・自分の考えが正しいことに自信があるんだ。
・自分の意志を曲げないと決めたんだ。
・もう後悔はしたくない。自分は自分が正しいと思った道に進みたい。
・自分の気持ちに正直に生きたいんだ。
・本当に大切なのは，知識じゃなくて行動だから。

「それでは続きを見ましょう」と言って，前掲書（83～85ページ）の資料3を配付した。

資料3の概要
メンデル「いや，私は間違ってるはずだ！　たとえ間違ってるはずだとしても正しいと思えたときに正しいと言ったり行動したりしないとしたら，人間には何も無いんだ！」と。メンデルの死後，数年経ってこの税法は撤回される。そして，1900年には，メンデルの法則が再発見され，それを機に遺伝学が一気に開花することになった。　(前掲書)

ここからは発問はせず，余韻をもって終わり，感想を書かせた。

27

生徒の感想

- 何事も,あきらめちゃいけないんだなと思った。一つ一つが名ゼリフだった。正しいこと,間違っていること,ちゃんと言える人になりたい。小さい頃は,目立たなくても,立派な人になれることに少しびっくりした。
- このごろ,テレビや雑誌などで夢をあきらめなかったり信念を曲げなかった人などが「成功」しているという話をよく聞く。メンデルも信念を曲げなかったから,生きている間ではなかったが,成功したので,僕も夢を替えないで曲げないようにして生きていきたい。そしたら夢が叶うような気がする。でも,メンデルは研究のために大変な努力をしていたので,その努力も忘れないようにしたいと思う。
- 自分の意見を言うことの大切さを知ることができた。私もなかなか自分の意見を言えなかったので,最後に自分を信じて意見を言えるようになったメンデルさんはすごいと思ったし,意見を言ったら行動することも大切だと思った。そして,最後のページの言葉もすごく感動した。

理科と道徳

　理科の教科書では,なかなか科学者について掘り下げることができない。そこで,道徳授業とリンクすることを考えて,10数年前から『中学校編とっておきの道徳授業』シリーズにおいて「科学」をテーマにした道徳授業を載せている。以下にどのような切り口で授業を作成したかを(巻数)もあわせて紹介する。

1. 科学者の生き方について知る。
   - 人生シミュレーション(No.1)
   - 火山を買った男(No.6)
   - ドクター梅子の生き方(No.8)
   - 女性科学者の生き方(No.9)
   - メンデルの信念(No.12)
2. 科学的事実から考える。
   - 笑う門には健康来たる(No.3)
   - 千の風になって(No.6)
   - 人類が消えた世界(No.7)
   - 絶滅した動物たち(No.7)
   - ヒトはなぜ,「いじめ」を行うのか(No.11)
3. 科学の使い方,「科学を過信するなかれ」という主題で考える。
   - 今は安全,未来は?(No.1)
   - 「やりたいこと」と「やれること」(No.2)
   - 桜島爆発と祖先からのメッセージ(No.10)

資料の紹介

　『栄光なき天才たち 2巻』は絶版になっているので,入手が難しいときはこちらでも代用可能である。
- シェルリ・バードー/文　片岡英子/訳『グレゴール・メンデル——エンドウを育てた修道士』(BL出版)
- オーウェン・ギンガリッチ/編集代表　エドワード・イーデルソン/著　西田美緒子/訳『メンデル——遺伝の秘密を探して(オックスフォード科学の肖像)』(大月書店)

(鹿児島県　原口栄一)

第1章 美しい生き方 －将来へのつながり－

| 1年 | 2年 | 3年 |

美しい生き方を考える

6. 福山雅治さんの恩返しと恩送り

感　動	★★☆
驚　き	★☆☆
新たな知恵	★★☆
振り返り	★★☆

CD-ROM
1-6
授業用
パワーポイント

　何かをしてもらった恩に報いるためにする「恩返し」という言葉はほとんどの中学生が知っています。しかし，「恩送り」という言葉はあまり知られていません。江戸時代には普通に「恩送り」という言葉が使われていたそうです。「恩送り」は何かしてもらった人に恩を返すのではなく，「別の人に報いる」ということです。今，「恩送り」という考え方を中学生に伝え，慣習として世界に広めていきたいという話があります。この「恩送り」という言葉の意味を考え，実行に移していく人間になってもらいたいと思い，この授業を創りました。

「水や空／フィリピン被災者に恩送り」
長崎新聞　2013年11月15日

で授業づくり！

◀資料の概要▶
　「恩返し」は恩を受けた人に報いることであるが，「恩送り」とは感動の循環のこと。この素敵な言葉を紹介した新聞コラムである。さらに後半には，今からすべき恩送りとして，台風で被害を受けた外国のことをあげている。中学生に思いやりの心を育てていくのによいキーワードである。

◀授業づくりのアドバイス▶

■1 資料をこう生かす！…人から何かしてもらったことを「形」や「態度」で返していく「恩返し」という言葉は常に日常生活のなかにある。しかし，見返りがなくても知らず知らずのうちに行っている「恩送り」も自分たちの生活のなかにあることをフィードバックさせながら考えさせる。

■2 授業構成や発問をこう工夫する！…「恩」という言葉から出てくる言葉を考えさせることからはじめ，自分が今まで受けてきた「恩」を思い出させる。身近な新聞や資料などから話題を提供し，より深く「恩」という言葉について考えをもたせるように授業を展開する。

◀授業構成▶

0	4	8	10	14	20	25	30	35	38	46	50(分)
●発問● 何かしてもらったお返しをすることは？	●発問● 恩を返さない言葉？	●題● 「恩送り」のイメージ？	●発問● 恩返しをしたことは？	●発問● コンサートのテーマは？	●発問● 「恩送り」とは？	●資料● 新聞コラム（前半）	●発問● 「恩送り」のイメージ？	●資料● 新聞コラム（後半）	●発問● 自分が受けた恩は？	●感想●

ねらい

「恩返し」や「恩送り」という行動に込められた奥ゆかしい心を伝え，日々の生活のなかで自分が受けた恩を別の人に送っていくという心を育てる。　　　B［思いやり，感謝］

準備

・福山雅治さんの写真
・「水や空／フィリピン被災者に恩送り」（長崎新聞2013年11月15日付）（32ページに掲載）
・掲示用カード
・ワークシート生徒数分

授業の実際（1年で実施）

❶ 人から何かしてもらったことを覚えていて，後でそのしてもらったことに対して何か行動を起こしたりお礼をしたりすることを何というでしょう。

■「恩返し」という言葉を引き出す発問である。

「お返し？」という言葉が出たが，そのあと「恩返し」という言葉が出た。「恩返し」と板書し，恩返しだと思う人は挙手するように言うと，30人の生徒が手を挙げた。「そうですね。受けた恩に報いる言葉が『恩返し』ということですね」と説明した。「それではこの言葉は知っていますか」と言って，次の問いをした。

❷ 人から恩をもらったのに知らんぷりをする人を何というでしょう。

■反対の言葉を引き出す質問である。
　・恩知らず…30人

すぐ「恩知らず」という言葉が出たので「恩知らず」と板書し，恩知らずだと思う人は挙手するように言うと，これもほとんどの30人の生徒が手を挙げた。

❸「恩知らず」という言葉はどんな感じがしますか。

■反対の意味合いを確認する質問である。

・冷たい感じ　　・突き放した感じ
・きつい感じ

「そうですね。この言葉はちょっと冷たい感じがしますね」と言って，次の発問をした。

❹ あなたは，今までに「恩返し」をしたことがありますか。

■「恩返し」についての自己の経験を想起させる発問である。

「小さなことでもいいので思い出してワークシートに書いてみましょう」と指示をした。
　・おばあちゃんに肩たたきをした。
　・お母さんがピアノを習わせてくれたので，発表会で間違わないように弾いた。
　・お母さんがいつも料理を作ってくれるので，母の日は私たち兄弟がご飯を作った。
　・おじいちゃんがいつも学校まで送ってくれるので，休みの日におじいちゃんの手伝いをした。
　・町民運動会で「地区の方に恩返しをしなさい」と言われ，プラカード持ちを進んでした。

「何かしてもらった人に対してみなさんはいろんな形で『恩返し』をすることができたのですね」と話した。

ここで福山雅治さんの写真を提示し，「この人を知っていますね。長崎県出身の今では有名なアーティストです」と説明し，「福山さんは今，東京に住んで音楽活動を行っています。デビュー20周年を迎え，2009年に『福山夏の大創業祭 稲佐山』という凱旋コンサートを行いました」とふれ，このことについての発問をした。

❺ このコンサートのテーマは何でしょう。

■身近な話題から恩返しについて考えさせる発問である。

誰もわからないようだったので，「○○○コンサートですよ」とヒントを出した。「恩返しですか」と発言が出たので，「『音返しコンサート』というテーマでした」と言って，準備していたカードを見せた。

「福山さんは，自分を育ててくれた生まれ

故郷長崎に『20年間職業にしてきたエンターテイメントで、何か恩返しができないだろうか』と考え、このコンサートを催したということです。『恩を返す』ということを普通の『恩』ではなく、音楽の『音』を使って表現していました。音楽家の福山さんらしく、なんだか素敵な話だと思いませんか」と話した。「恩を受けた人に対して何か行為をする恩返しという言葉をみんなはほとんど知っていましたね」と確認した。

「恩送り」と書いたカードを提示し、この言葉を知っているか聞くと、誰も知らなかった。

「この言葉は辞書で探してもありません。でも、この言葉は江戸時代の人は普通に使っていたそうです」と言って、次の問いをした。

6 「恩送り」という言葉から、どういうことをイメージしますか。

■字から受け取る印象をそれぞれの言葉からイメージさせる発問である。

・自分がしてもらったことを別の人にしてやる。
・その人に返して、また次の人に返す。
・順番に何かし続ける。

「『恩送り』とは『誰からか受けた恩を直接その人に返すのではなく、別の人に送る』という意味があるのだそうです」と説明した。

7 恩知らずという言葉は「冷たい感じ」がするとみんな言っていましたが、「恩送り」という言葉はどんな感じがしますか。

■恩送りという言葉についてイメージさせる発問である。

・年寄りが使う言葉　・ほのぼのした感じ
・なつかしい感じ　　・あったかい感じ

ここで長崎新聞のコラム「水や空」の記事の前半部分（18行まで）を紹介した。今まで発問をしてきた「恩返し」や「恩送り」について取り上げたコラムである。恩を受けたその人に恩を返す「恩返し」と異なり、別の人に送るのが「恩送り」であるという内容である。

8 自分が受けた恩を思い出してみましょう。

■今までの生活のなかの自己を振り返らせるための主発問である。

考えやすいよう、以下の7つの視点を書いた用紙を提示し、自分が経験したことをいくつか書くように指示をした。

```
・勇気をもらったこと
・励ましてもらったこと
・応援してもらったこと
・教えてもらったこと
・許してもらったこと
・守ってもらったこと
・感動させてもらったこと
```

・一度あきらめていた習字の段審査を「お母さんもがんばったから、あなたにもできるはず」と言われて、もう一度挑戦した。
・人権の授業で「自分だけが弱いのではない。人はみんな弱い。だからこそひと言の言葉で救われることがある」と教えてもらった。私も人を救う言葉をかけたい。
・先生から最大の親不孝は親より早く死ぬことだと言われた。そして、命をもらったのだから次の代にちゃんとバトンをつないでいくことが私たちの使命だと言われた。その言葉を忘れないようにしたい。
・自分にはできないと思っていた跳び箱が友だちに応援してもらって跳べるようになった。自分ももっと跳べない友だちといっしょに練習したり教えてあげたりして目標の段をクリアした。

「今、みんなに考えてもらったことは、今度は自分が他の人につなげていけることだと思いませんか。実は、日本も恩送りというものをしているのですよ」と言って、コラムの後半部分（19行目から）を読み上げた。

「今日勉強した『恩送り』というあったかい言葉をこれからみなさんの人生のなかで覚えておいてほしいと思って、この授業をしました。忘れないでいてくれたらうれしいです」と言って、感想を書くように指示をして授業を終えた。

資料

●水や空／フィリピン被災者に恩送り

「恩送り」という言葉を知った。聞き慣れない言葉だが、江戸時代の人々は普通に使っていたと、作家、井上ひさしが書いている（井上ひさしと141人の仲間たちの作文教室）▲恩を受けたその人に報いるのが「恩返し」だが、恩送りとは違う。別の人に渡すのである。井上によると、「恩送りとは誰かから受けた恩を、直接その人に返すのではなく、別の人に渡す」「そうして、『恩』が世の中をぐるぐる回っていく」。そんな心温まるイメージの言葉だという▲国と国の上をぐるぐるぐるぐる回していく、どんなに平和で温もりのある世界になるだろう。恩送りを国際的慣習として広めたい。そして今こそ、日本が真っ先に送るときである▲送り先は台風30号で大被害を受けたフィリピンだ。われわれが受けた恩とはもちろん、東日本大震災のとき、世界中から駆けつけてくれた緊急援助隊や、寄せられた励ましの言葉や募金や、ずいぶんと救われたことである。あの恩は忘れない▲フィリピンでは膨大な犠牲者が出ており、生存者も水や食料の不足で苦しんでいる。乳幼児や病人は特に危険な状況に置かれている。生活物資や医療の支援が緊急に必要だ▲政府は千人規模の自衛隊員派遣を決定した。官民挙げて支援を急ぎたい。今回の恩送りにはスピードが不可欠だ。
（信）

長崎新聞　2013年11月15日付

生徒の感想

- 「恩送り」という言葉は初めて知った。私は、今まで何かしてもらっても当然のことのように思っていて、恩返しという気持ちすら考えたことがなかった。これからは「恩送り」という気持ちをもって家族や友だちに接していきたい。
- 「恩知らず」という言葉はとても冷たい感じがした。僕は「恩知らず」にはなりたくないと思った。
- おばあちゃんからしてもらったこと（送り迎えや日頃の料理など）を次の時代にまで受けついで行きたい。おばあちゃんからもらった恩を忘れないようにしたい。
- 私は福山さんが好きで、「音返し」という言葉がすごくかっこいいと思った。自分には何ができるだろうと考えていきたい。
- 「恩返し」とか「恩送り」とかいう言葉を日本人として大切にしていきたい。最近は日本のことについて勉強することが多いので日本人としての誇りをもって生きていきたいと思う。

（長崎県　吉田綾子）

第1章 美しい生き方 －将来へのつながり－

私の道徳授業づくり
桃﨑剛寿の場合

■**中学校教諭歴**（平成26年度末） 4校・20年。
　他：県立教育センター道徳担当指導主事，熊本市教委生徒指導担当指導主事など。
■**『中学校編とっておきの道徳授業』シリーズNo.1～12** 掲載の開発実践数102本
　【代表作】「母への小遣い」(No.1)，「ダメな奴なんていない」(No.5)，「花火に込められた祈り」(No.8)，「しげちゃん」(No.10)，「『ありがとう』が言えますか」(No.11)
　　　　　　　　　　　　　　　　　　　　　　　　＊（ ）内はシリーズNo.です。

 道徳授業を資料開発から始めるようになったきっかけは？

大学生のときの教育実習。指導教官から借りた道徳副読本を読んだとき，あまりにも偽善的な文だと感じ，これで生徒に考えさせるのは忍びがたいと考え，当時修業していた空手の書籍から「初心忘るべからず」という文章を活用した授業を行った。
　実習生だろうがベテランになろうが，「これは使えない」と感じたら自分の感覚を信じて道徳授業づくりをしてきた。それが生徒への真摯な態度であると思う。

 道徳授業づくりで大切にしていることは？

1つめは「資料の内容」である。この内容だったら読んで聞かせて知らせるだけでも意味があると思うような「よい」と思える資料でないと授業をしたくない。
　2つめは「生徒の心にへばりつくような印象を与える展開」を考えることである。
　その道徳授業で学んだことが生きていくうえで，かすかなプラスの影響を与えるよう印象深いものにしたいと考える。生徒がはっと驚くような展開を心がける。
　3つめは「学び方」である。生徒の思考を活性化するよう，生徒同士の意見の交流や考えの表明のさせ方を工夫する。

桃崎流！　道徳授業づくりの手順

1 日頃から，育てたい生徒像をしっかり自覚する

　どんなにすばらしい資料であっても，教師自身の心に引っかからないとその資料は目の前をただ通りすぎていってしまう。授業に使える資料として「つかめる」教師と「つかめない」教師の差はなんだろう。それは，「道徳授業で使える資料はないかな」という探求心の有無とともに，「生徒にこんなことを考えてほしい」「これを大切にして生きてほしい」というめざす生徒像を教師自身がもっているか，教育観を自覚しているかによるものが大きい。道徳の内容項目をあげて，「これらを大切にする生徒を育てたい」と言っても，自分の言葉で初めから考えなかった分，具体的に意識しにくいものである。自分の言葉で整理することだ。私の場合，「命」「正義」「進路」「美しい生き方」「いじめやSNSなど喫緊の課題」「社会的視野」である。すると，そのキーワードに関係する資料があれば，「感じ」「目に留まり」「ストックする」のである。

2 資料とどこで出会うか

　書籍や新聞，テレビで得る情報，ネットで得る情報などが多い。テレビやネットの情報は，よりくわしく知るため書籍や新聞でも再度詳細な資料を求め，資料の精度や中立性等を確かめる。新聞情報については有料の検索サイトを契約している。

　特に，一度開発した実践を時間をおいて行うときは，その資料に関係する情報を見直しておき，最新情報をもとに資料の見直しを行う。以前は図書館に行って調べていたが，こちらの方が効率よく調べることができる。

　同時に，資料のなかには，「この資料はこのように提示したい」「終末で5分使って授業の余韻を残したい」というように，出会ったときに，瞬時に展開例まで同時に頭に浮かぶことがある。そのときは資料にメモをしておく。後回しにせず，忘れないようにする。

第1章　美しい生き方　—将来へのつながり—

3 資料のどこに魅力を感じたのかを見極める

　資料に出会うということは，その資料に何か価値を感じたこと。「なんでこれがいいと思ったのだろう」「こことここのフレーズにひかれた」「そうか，このことをこういうふうに感じてほしいという授業展開ができると思ったのだ」というように，魅力を感じた理由を自問する。それがその授業の構成の骨格を決め，同時にねらいにと結びついていく。

4 「驚く」「顧みる」を位置づけた展開を

　どんな良い資料も，ただ読むだけでは心ののこり方に差がある。生徒に予想をさせたり，自分たちの通常時の行動を確認したりして，事実と出会わせると印象が深くなる。文章だけでなく，画像や映像が感動を呼び起こしやすいのであれば準備する。
　また，自己を見つめるための発問を資料での学びの後に行ったり，体験があまりできない資料ならばあえて前半に行ったりする。「反省の時間」にならないよう配慮が必要であるが，なんらかの形で「自分はどうだったかな」と考えさせたい。

5 発問・指示・説明の言葉に精度を

　いよいよ授業でどういう言葉をかけるか考える。中学校では直接気持ちを問う発問は，このストーリーはこのように感情移入して読みなさいというメッセージとしてとらえられやすく，望ましくないことが多いと感じる。

桃﨑流！　道徳授業づくりの手順

6 能動的な学びで思考の活性化を

　物事を広い視野から多面的・多角的に考えるという面からも，考えたことを話し合わせたり，最初に感想を述べあってから考えさせたりする。また，自分の考えた立ち位置をはっきりさせたり，どんな意図で話し合うかを明らかにしたりすることで思考は活性化する。仲間作りをめざす学級経営の意味からも，1時間の授業のなかで1回は取り入れたい。

▼

7 ねらいを言葉で定める

　展開や発問ができたら，ねらいを書いてなくても「このようなねらいだな」とほかの人がわかるようでなくてはいけない。

▼

8 ねらいに迫る展開になっているか，シミュレートする

　最後に，作成したプランで自分が授業を受けている生徒だったらどういうことを考えるかなとシミュレートする。展開や発問に不自然さを感じたら修正をするか，そもそものねらいがその設定でよかったのかを見直す。

第2章

生命の尊厳
―命のつながり―

中学生の自死，中学生が巻き込まれた災害，中学生が起こした事件。
これらのニュースを聞くとはりさけそうに心が痛くなる。
学校は，生徒の命を守るところである。
きっと担任の先生方は「もっと命の重さを教えることができなかったか」
と苦しまれるのではないか。
道徳の授業の果たすべき役割は大きい。力を入れたい。
本シリーズ発刊以来，こだわってきた「生命の尊重」に迫る道徳授業。
東日本大震災にまつわる実践1本を含む，渾身の4本の授業がここにある。

1. かないくん
2. ありがとう！っていっぱい言わせて
3. 「四苦八苦」は本当に"苦"なのか
4. 震災を乗り越えて

第2章 生命の尊厳
―命のつながり―

● **授業のポイント**

　東日本大震災にまつわる教材を用いた「震災を乗り越えて」。命の重さを多角的にとらえさせる。

　「かないくん」は，自分の問題としてなかなか考えにくい生命の有限性について，絵本を通して考えさせる。

　「ありがとう！っていっぱい言わせて」は，幼くして亡くなった少年の「輸血＝アンパンマンのエキス」という希望を知らせ，他者の命を助けるために何ができるかを考えさせる。

　「『四苦八苦』は本当に"苦"なのか」は，「老・病・死」に対して必要以上にマイナスにとらえない気持ちを育てることから命の大切さに迫る。

　命の大切さにふれることは「この命を輝かせる生き方をしたい」「命を授かった自分を大切にしたい」という希望にもつながる。第1章「美しい生き方」や第4章「自己肯定感」にも密接に関連する実践群である。

第2章 生命の尊厳 －命のつながり－

生命の有限性から命を考える

1. かないくん

感 動	★★☆
驚 き	★☆☆
新たな知恵	★★☆
振り返り	★★☆

CD-ROM
2-1
授業用
パワーポイント

　生命の偶然性や連続性について，多くの生徒が理解しています。生命の有限性ももちろん誰もがわかっていることです。でも，大人も含めて，真正面から考えることは避けているように思えます。そこで絵本を使い，身近に感じられる場面を提示しながら，生命が有限であることを実感させ，限りあるかけがえのない命を輝かせて生きていこうとする態度を育てたいと考え，授業を創りました。

『かないくん』で授業づくり！
谷川俊太郎／作　松本大洋／絵（東京糸井重里事務所）

◀資料の概要▶
　少年はクラスメイトの「かないくん」を亡くす。でも「かないくん」がつくったものや描いた絵が残っている……。絵本作家になった少年は老人になってから絵本にしたいと考えるが，最後まで描けないで悩んでいる。やがてその方も亡くなってしまう。孫である「私」はこの知らせを聞いて，突然何かが「始まった」と思った。命の有限性について学ぶことができる貴重な絵本である。

◀授業づくりのアドバイス▶
１資料をこう生かす！…死を見つめて生命の尊重についてふれることは難しい。絵本であることからクッションとなって考えさせやすい。
２授業構成や発問をこう工夫する！…絵本を授業全般を通して使用しながら生命の尊重について踏み込んでいく。資料の場面を考えることを通して，自分のこととして命とは何かを考えさせる。

◀授業構成▶

39

ねらい

生命の有限性を感じさせ，かけがえのない命を輝かせて生きていこうとする態度を育てる。　　　　　　D［生命の尊さ］

準備

・『かないくん』
・資料「不明の娘から届いた『感謝』10年前書いた手紙 大槌の両親へ」（読売新聞2014年3月3日付）（42ページに掲載）
・実物投影機
・「3行作文」を書くワークシート生徒数分

授業の実際（3年で実施）

絵本『かないくん』を見せ，絵本の帯に書いてある「死ぬとどうなるの。」という言葉を板書して紹介した。

❶「死ぬ」ってどういうことだと思いますか。

■導入として，死に対する考えを確認する発問である。

自由に発言させた。
・ここにいなくなること。
・生まれ変わること。

❷『かないくん』の本の帯にあるように，「死ぬとどうなる」と思いますか。

■ここも続けて，死に対する考えを確認する発問である。

これも自由に発言させた。
・自分は何もわからなくなる。
・まわりの人がつらい思いをする。

「私自身がこの本に出会ったとき，この言葉を見て，日頃考えることを避けているなあと感じました」と話した。

実物投影機を使い，絵本を見せながら最後まで範読した。

少し間をおいて余韻をもたせ，次の場面を絵とともに提示して発問した。

> かないくんがつくった
> きょうりゅうが，
> まだある。
>
> かないくんが
> かいたえも，
> まだはりだされてる。
>
> でももう
> かないくんは，
> しゃしんのなかに
> しかいない。
>
> （谷川俊太郎／作　松本大洋／絵
> 『かないくん』東京糸井重里事務所）

❸このことから，死に対する筆者の思いはどのようなものであると思いますか。

■身近に感じられる場面において，友人の死をどのようにとらえようとしているか，自分自身の考えを見つめさせる発問である。

「悲しい気持ち」と発表した生徒に「何が悲しいのかな」というように発表された意見に対し，切り返し発問をして具体的に表現させ，発表者の思いを全員で共有できるよう工夫しながら進めた。

・「かないくん」が死んでしまって悲しいという気持ちと，まだ信じられない，忘れたくないという思い。
・ものはあるのに，その人自身はいないという不思議な感覚。
・「かないくん」はいないけど，「かないくん」がつくったものには「かないくん」の気持ちが込められているので，いるような，いないような不思議な思い。

続いて，絵本の中の言葉である「しぬって，ただここにいなくなるだけのこと？」を板書し，その場面を提示して発問した。

❹「しぬって，ただここにいなくなるだけのこと？」という問いに対して，

第2章 生命の尊厳 −命のつながり−

自分なりにどう答えますか。

■死の有限性を感じさせるとともに，関わりのあった人たちへの思いを考え，自分の命は自分ひとりのものではないことを理解させる。そして，かけがえのない命を輝かせて生きていこうという心情を高めるための中心的な発問である。

ここでは，生徒それぞれの価値観を見取ることができるので，ワークシートに考えをしっかり書く時間を確保した。

6人の班を作り，ワークシートを回し読みさせる形で自分が考えたことを紹介し合った。重いテーマゆえに生徒もいつものようにワイワイと活動はしない。シーンとした緊張感が感じられるなかで活動は行われた。

その後，挙手した生徒に発表させた。

- 関わりのあった人の心には，大きな穴があいてしまう。でも，思い出として忘れることはない。
- 姿は見えないし，二度と会えないけれど，その人ががんばったことやみんなのために尽くしたことなどはみんなの心にずっと残る。
- 今までずっといっしょにいた人が死んでしまうのはとてもつらい。思い出だけでなく，身近な人につらい思いや悲しい思いをさせてしまう。命は自分だけのものではないことを感じた。

「心の中にずっと残しておきたい」という意見が発表されたので，次の発問をした。

5 心の中にずっと残しておきたいと思う人はどういう人でしょうか。

■人は人との関わりの中で生きていることを感じ，命は自分だけのものではないことに気づき，限られた命を大切にしようとする心情を高める発問である。

列指名で答えさせた。

- 好きな人。
- 大切な人。
- 親友。
- いつもいっしょにいる人。
- 家族。

さらに，「真っ白なまぶしい世界の中で，突然私は『始まった』と思った」という場面を提示して発問した。

6 「私」は何が「始まった」と思ったのでしょう。

■人の死によって，さまざまな思いや環境が変化することを感じさせる発問である。

考えるのがやや困難な発問であると思われたが，何人かの生徒の意見が発表された。

- おじいちゃんのいない新しい環境での生活が始まった。
- 自分たちの時代が始まった。
- おじいちゃん自身，「死ぬとどうなるの。」に対する答えを知ることができ，絵本の続きを書き始めることができる。

さらに，これからの自分の生き方につなげることをねらい，『限りある自分の命をもっと輝かせるために』というテーマで「3行作文」を書かせた。

- チャンスをつくり，生かすことが大切。自分が輝ける場所を探して努力したい。
- まわりの人へ感謝する。夢に向かって努力する。歴史や伝統を次世代につなげる。
- 他人のために尽くしたい。人に頼られることにより命が輝くと思う。
- 後悔しないようにいろいろなことにチャレンジし，いろいろな人と関わり，感謝の気持ちをたくさん伝えたい。

ここまでの展開では，生徒自身から他者へ向けた意識にスポットを当てたので，自分自身が他者から大切に思われていることをおさえる必要がある。そこで最後に，新聞記事の資料（「不明の娘から届いた『感謝』10年前書いた手紙大槌の両親へ」）を配付し，震災で娘が不明となっている親の思いを感じとらせた。

生徒はシーンとして聞いていた。絵本により授業を進めたので，直接的でなく死について考えさせた後だから内容のつらさも受け入れられたと思う。

授業後には，「頭の中をフル回転させて真剣に考えました。いつもと違う雰囲気の授業でした」などの生徒の反応があった。

●不明の娘から届いた「感謝」10年前書いた手紙 大槌の両親へ

「2人仲良く長生きして」

「この手紙が届く頃は，お父さん，お母さんはもう孫がいるのかな？」——。東日本大震災の津波で行方不明となった岩手県大槌町臨時職員，押野千恵さん（当時26歳）から今年1月，父親の勇一さん（59）と母親の誘子さん（51）宛に1通の手紙が届いた。2004年に訪れた愛知県で，10年後に届くよう千恵さんがしたためたもの。思いがけなく届いた手紙で娘の気持ちを初めて知った勇一さんらは，「しっかり生きねば」と心に誓っている。

千恵さんは2003年に高校を卒業し，バスガイドとして京都府のバス会社に就職。その後，大槌町に戻って町の臨時職員になった。震災時は町役場にいて，津波にのまれたとみられる。

自宅は被害を免れ，勇一さんと誘子さんも無事だったが，千恵さんは見つからず，両親は約半年後に痛恨の思いで死亡届を出した。千恵さんに町に戻ってほしいと思っていた勇一さんは悲しみに打ちひしがれ，「いつ死んでもいいと思う日もあった。大槌に呼び戻さなければよかったと悔やんだ」。

仕事を終えて帰宅した勇一さんが，自宅のポストに白い封筒を見つけたのは今年1月12日。裏に「宝娘の押野千恵より」とあった。「どっかで生きてるのか」。まさかと思いつつ封を開けると，中には一日も忘れたことのないきちょうめんな字で書かれた便箋が2枚。バスガイドだった2004年1月10日に，愛知県犬山市の博物館「明治村」で，手紙を10年間保管して届けるサービスを利用して出されたものだった。

つづられていたのは，就職のため親元を離れた日のこと，バスガイドとして働く日々のこと，10年後の自分のことなど。震災の直前，千恵さんは8年間交際してきた中学時代の同級生と婚約していた。「結婚して子供もいるんだろうと思うけど，一人身だったらどうしよう」という一文を見つけた誘子さんは，「まさか10年後にいないなんて」とつぶやいた。

「お父さんお母さんにはいっぱい，いっぱいお世話になったから，これからは，私が2人のお世話をするからね」。千恵さんがこの手紙を書いていたことも，両親に対しそうした思いを抱いていたことも，勇一さんらは知らなかった。「ちっこ（千恵さん）の親で良かった。ちっこに笑われねえように生きねえと」。震災から3年を前に届いた娘からの手紙を，勇一さんらは心の糧にして生きていこうと思っている。

押野千恵さんからの手紙（抜粋）

お父さん　お母さんへ

今，私は愛知県の明治村に来ています。この手紙は，10年後に届くというので記念に書きました。

私が，大槌を出る日，すんごい大雪で，朝からお父さん，お母さんに雪かきをさせてしまって，ゴメンナサイ。お父さんもお母さんも本当は京都に行く事には反対だったと思うけど，最後には許してくれてありがとう。そのおかげで，今ではバスガイドして楽しく仕事をしています。

親元を離れてみて，あらためて，お父さんとお母さんに感謝しました。何不自由ない生活をさせてくれてありがとう。この手紙が届く頃は，お父さんが59歳，お母さんが50歳だね。もう孫がいるのかな？　あたしは，結婚して子供もいるんだろうと思うけど，一人身だったらどうしよう。今まで，お父さんお母さんにはいっぱい，いっぱいお世話になったから，これからは，私が2人のお世話をするからね。いつまでも2人仲良くケンカする事なく長生きして下さい。

読売新聞　2014年3月3日付

（栃木県　馬場真澄）

第2章　生命の尊厳　－命のつながり－

1年／2年／3年

社会に役立つことを考える

2. ありがとう！っていっぱい言わせて

感　動	★★★
驚　き	★☆☆
新たな知恵	★★☆
振り返り	★☆☆

CD-ROM 2-2 授業用パワーポイント

　16歳から可能になる献血は社会のなかで必要なことです。一方，中学生のまわりにはバーチャルなネットの世界が取り囲んでいることもあり，ますます「献血の意味や意義」への意識が薄くなっているように思えます。「ありがとう！っていっぱい言わせて」は，病気と戦った幼い子どもの母親からの強いメッセージであり，教師が知るだけでも大切なことである——。そう思ってこの授業を創りました。

「ありがとう！っていっぱい言わせて」で授業づくり！
http://www.tss-tv.co.jp/news/anpan/

（画像提供：テレビ新広島）

◆**資料の概要**◆
　「ありがとう！っていっぱい言わせて」の動画は，小児がんを治療中のアンパンマンが大好きな子どもが，輸血を受けると一時的に元気になることから，輸血用の血液を「アンパンマンのエキス」と呼んでいたことを，テレビ新広島が取材し放送したものである。現在テレビ新広島はウェブサイトで動画配信している。

◆**授業づくりのアドバイス**◆
1 資料をこう生かす！…たくさんの人を感動させ，行動に移させる力がある「ありがとう！っていっぱい言わせて」。映像を活用すると，短い時間でわかりやすく，内容を理解させることができる。

2 授業構成や発問をこう工夫する！…一方，幼い子どもの闘病を扱っているがゆえにつらさも強く，冷静さを失ってしまう可能性もある。生徒がしっかりと思考ができるように配慮が必要である。そのため，前半に映像を視聴させたあとは，後半に日本赤十字社のウェブサイトにある献血の知識や課題についてしっかり考えさせる。

◆**授業構成**◆

ねらい

命の助けを必要としている人がいることを知り，中学生の自分には何ができるのかを考えさせる。　　　　　D［生命の尊さ］

準備

・ワークシート生徒数分
・パソコン（ネットがつながる環境）で「ありがとう！っていっぱい言わせて」
http://www.tss-tv.co.jp/news/anpan/
を視聴。
・大型テレビかプロジェクター
・「お母さんのメッセージ」（46ページに掲載）

授業の実際（3年で実施）

「みなさんはあと数カ月で卒業ですね」と言って，最初の発問をした。

■1 中学校を卒業したらできるようになることのなかで，何がしたいですか。

■自分のためになることだけを考える傾向を自覚させるための発問である。

・アルバイト
・高校にしかない部活
・バイクの免許を取りたい。

自分がやりたいことを中心に考える生徒がほとんどであった。これらを板書し，その下に「自分のため」と確認した。

「16歳になると献血ができるようになります」と言って，「献血」と板書し，次の発問をした。

■2 献血は何のためにするのでしょう。

■知識を確かめる発問である。

・事故に遭ったときの輸血
・手術のときの輸血
・大学などでの研究

「献血とは，病気の治療や手術などで輸血を必要としている患者さんのために，健康な人が自らの血液を無償で提供するボランティアです。テレビ新広島で放送された『ありがとう！っていっぱい言わせて』という映像があります。見てください」とだけ言い，何も説明をせずに映像を見せた。10分間程度の視聴である。

4歳のりょうすけくんが治療のなかで輸血が必要であったことを知らせるものであった。そして輸血は「アンパンマンのエキス」となって，人を救うことができるという，りょうすけくんの輸血のとらえ方を伝える内容である。一時退院のときに遊園地で遊んでいる表情から，りょうすけくんの「生きたい」という気持ちが伝わってくる，力のある映像である。

■3 りょうすけくんの保護者はどのようなことを思ったり考えたりしているでしょうか。

■このような状況で自分が親ならどのように感じるのか考え，りょうすけくんのお母さんの気持ちに共感させる発問である。

静かな教室のなかで，ワークシートに黙々と書いていた。

・つらい。なんとか助かってほしい。でも，なんで自分の子どもがこんなふうになるんだろう。自分が変わってあげられればいいのに。
・たえられない。自分のすべてを子どもに捧げて看病したい。
・自分の子どもが「生きていてよかった。楽しかった」と思えるようにしたい。
・治らない病気で，あと短い命だとしたら，その短い時間を，その子のために一秒一秒大切にし，その子が生きていてよかった，楽しかったと思えるようにしてあげたい。

■4 なぜ，お母さんは，りょうすけくんが亡くなった後，このブログを書いたのでしょう。

■りょうすけくんが亡くなった後もブログを残してメッセージを伝え続けているお母さんが伝えたいことは何なのか考えさせる発問である。

第2章 生命の尊厳 －命のつながり－

各自考え，ワークシートに記入させた。そのあと，4人の班を作り，それぞれの考えを発表させた。

＜ある班での紹介の様子＞
- りょうすけくんのような病気で苦しんでいる子どもたちがたくさんいることを知ってもらいたいから。
- 自分の子どもだけではなく，他の人にも助かってもらいたいから。
- りょうすけくんのように輸血によってやりたいことができたりすること，血は簡単に手に入らないことを知ってほしいから。
- 少しでも病気で苦しむ人の助けになるように。

「献血について説明します」と言って，日本赤十字社のウェブサイトを紹介し，そのページ「献血する」のなかから，以下を説明した。

- 16歳からできる献血は200ml全血献血です。ただし，男性は45kg以上，女性は40kg以上の体重が必要などの条件があります。
- 1年間で男性は6回以内，女性は4回以内というように回数も決められています。
- 日本国内では，1日あたり約3,000人の患者さんが輸血を受けていると言われています。現在，輸血に使用する血液は，まだ人工的に造ることができず，長期保存することもできません。また，患者さんによっては大量の輸血を必要とする場合があります。このため，輸血に必要な血液を確保するためには，一時期に偏ることなく，1日あたり約15,000人の方に献血にご協力いただく必要があります。

生徒の家庭環境を配慮して，宗教上の理由で輸血ができない方もいることを加えて説明した。

野球選手の田中将大さんが出ている「はたちの献血」の画像を提示しながら，「若い人への呼びかけの広告ですね」と確認した。

最後に，「お母さんのメッセージを読んでの感想を書きましょう」と指示をした。理由は，今回，最後に母親のメッセージを，"ただ読ませるだけ"で生徒はさまざまなことを考えられるからである。

この道徳授業では「献血」がテーマだったが，生徒ができることは決してそれだけではないと感じた。実際，献血ができない生徒も「遊園地の人のような大きなことは自分の力ではできませんが，何か手助けできることがあればしたい」という感想を書いていた。

だから授業の最後は，献血という方向へ考えを巡らせるのではなく，「今，自分にできることは何か」ということを一人ひとりが自分なりに考えられたらと願っての指示であった。

● 生徒の感想
- 献血のことは前から知っていたが，自分ではできない。助けたいけど……。だから，自分には何ができるのか，何をしたらいいのかを考えて生きていきたいと思う。
- 献血をしないと助からない人がいるという事実を知ることができた。自分も病気になったら，誰かの血をもらわないといけないときが来るかもしれないから自分も献血してみたい。

資料

●お母さんのメッセージ

兵庫県の三宮献血ルームのメッセージノートに記されていた言葉。
それは,わずか4歳で小児ガンのためにお空に逝ってしまった
"りょうすけくん"のことを思って書かれたものでした。

私の4歳の長男は小児ガンです。
10カ月の闘病生活の末,亡くなってしまいました。
その間,皆様の献血のおかげで
安心して治療を受ける事ができました。
本当にありがとうございます。
あの子は輸血されると元気になる事を知っていて
『アンパンマンのエキスだ～』と言っていました。
一時は毎日のように輸血させて頂きました。
輸血が必要な時『今 足りないので待っていてください』
と言われ 祈るような想いで待っていた事もありました。
届いたときは,本当に嬉しかったです。
献血して頂きました皆様になんてお礼を言ったらいいのか。
ありがとう! ありがとう!
医療スタッフと皆様のおかげで生きながらえる事ができて
どんなに《ありがとう》と言っても足りません。
今でも病院では,多くの子供たちが輸血を待ってます。
これからも献血をお願いします。もちろん私も来ます。
子供たちの笑顔が消えませんようにと祈ってます。

授業を終えて

「ありがとう!っていっぱい言わせて」は非常に力のある資料である。道徳授業として実践しなくても,ぜひ一度,観ていただきたい。また,本展開では"りょうすけくんのお母さん"に焦点を当てて授業を行ったが,"りょうすけくん"や"遊園地のスタッフ"に焦点を当てて授業を展開しても生徒に考えさせることができる資料だと思う。

(千葉県 篠原孝司)

第2章 生命の尊厳 －命のつながり－

生命の有限性から命を考える

3.「四苦八苦」は本当に"苦"なのか

感動 ★☆☆
驚き ★☆☆
新たな知恵 ★★★
振り返り ★★☆

CD-ROM
2-3
授業用
パワーポイント

　この１年間，個人的に「死」と直面する機会が多いと感じました。また，新聞や週刊誌を見ていて，「死」と関連した記事をよく見かけます。そこで，人間の必然である「死」を真正面からとらえてみようと，この授業を考えてみました。また，『私たちの道徳』を終末に活用します。

「ホスピス・緩和ケアに関する意識調査」で授業づくり！
公益財団法人日本ホスピス・緩和ケア研究振興財団

◀資料の概要▶
　このウェブサイトにはホスピスや緩和ケアの説明が記載されている。子どもたちも祖父母や曾祖父母のことで耳にしたことがあるかもしれない。
　死について考えたことがあまりないであろう中学生にとって，死を通して生命の尊重を考えさせる，よい切り口である。

◀授業づくりのアドバイス▶
❶資料をこう生かす！…アンケート結果を使うが，項目をすべて使うと思考が拡散してしまううえに時間もかかってしまう。ここでは「1位は何だろう」と絞って考えさせる。
❷授業構成や発問をこう工夫する！…生老病死は互いに関連があり，はっきり区別をしにくい。例えば，「老い」の悪いイメージを考えさせたときに「死が近い」という発言がある。そのようなときは，互いに関連があることを確認しながら授業を進めることで混迷しないようにする。

◀授業構成▶

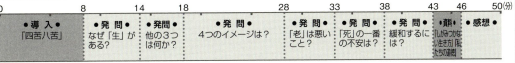

ねらい

生命にはいつか終わりがあることを再確認し、「老・病・死」に対してのイメージを必要以上にマイナスにとらえない態度を育てる。
　　　　　　　　　D［生命の尊さ］

準備

・「ホスピス・緩和ケアに関する意識調査」
　（50ページに掲載）
・『私たちの道徳中学校』
・パソコンとプロジェクター

授業の実際（3年で実施）

　香山さんの写真を見せ、「今回は、精神科医でベストセラー作家の香山リカさんの著書やウェブページを使って授業を創ってみました。考えてもらいたいと思います」と話すと、生徒は、何のことかなと考える様子であった。
　「さて、『四苦八苦』という言葉を知っていますか」とたずね、国語係の生徒を指名すると「『大変苦労して』という意味だと思います」と答えた。「そういう意味ですね。そもそも四苦八苦の語源となった『四苦』とは、4つの苦しみということですよね。その4つのうちのひとつは『生』です」と説明し、次のスライドを提示して最初の発問をした。

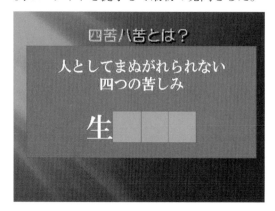

■なぜ「四苦八苦」の中に、生があると思いますか。

■生きることの苦しさを考えさせることは授業でねらっていないので、まずはじめに確認程度におさえておく発問である。
・生きているとつらいことがあるから。
・楽しいばかりではないから。
　生きることのつらい面が出る発問で、生きることに対し否定的なイメージを与えかねないので、「でも、楽しいことや幸せに感じることもいっぱいあると思うけどなあ」と、生きることに対するプラスイメージを確認した。

2 「生」に続く3つの□にあてはまる漢字は何でしょう。
■「老・病・死」について導入する発問である。
　生徒たちはあてはまる言葉を知らなかったようなので、次のようなヒントを与えた。「反対語も入りますよ」と言うと、「死」が出された。続いて、「死の前に一般的におとずれるのは何でしょう」と言っても、しばらく答えが出なかったが、その後「老」が出てきて、「『老』と『死』はここに入ります」と言うと、やがて「病」も出された。
　続けて、次の発問をした。

3 「生老病死」それぞれの言葉に対してのイメージはプラスですか、マイナスですか。また、その理由は何ですか。
■生徒の生老病死に対するイメージの実態を把握するための発問である。
　挙手をさせ、ランダムに指名して理由を言わせた。
・「生」プラス…29人（楽しい）
　　　マイナス…0人
・「老」プラス…2人（みんな年をとる）
　　　マイナス…27人
　　　（死が近い、身体が不自由、年をとる）
・「病」プラス…0人
　　　マイナス…29人
　　　（病気、死が近い、苦しい）
・「死」プラス…1人
　　　（みんなが悲しんでくれる）
　　　マイナス…28人
　　　（したいことができない、人生の終わ

り，死ぬ，死後の不安）

「『生』はプラスのイメージ，他はマイナスのイメージの人がとても多いですね」と生徒の実態を評価した。

「それではもう少し深く考えてみましょう」と言って，次の発問をした。

❹老いとは本当に悪いことでしょうか。
■「老」に関する生徒のマイナスイメージの変容を見る発問である。

挙手をさせ，席が近い者同士で自分の考えを話し合った。

その後，ランダムに指名して理由を言わせた。
　・良い…1人
　・悪い…13人
　（迷惑をかける，死が近い，年をとらないように努力している人が多い）

手が挙がらない生徒が多くいたのでたずねると「どちらとも言えない」と答えたので，同じ考えの生徒を確認すると15人いた。迷っている生徒が多いと感じた。

「『死が近いから老いは良くない』というように，老いと死を結びつける意見が出ましたね」と言うと，「4つの区別は難しいと思う」という声が出た。

「そうですね。次に死について考えてみましょう」と言って，死期が近い場合，心配や不安に感じることを調査した資料1（50ページに掲載）を提示した。

第1位の部分を隠して提示して発問した。

❺死期が近いとき，いちばん心配や不安に感じることは何でしょう。
■生徒なりに死生観を自問させる発問である。

生徒の反応としては，「死後の不安」という意見が多かった。

「『痛みや苦しみ』がトップでした」と説明し，関連して次の発問をした。

❻死を前にして痛みや苦しみを緩和する方法を知っていますか。
■緩和ケアについて知らせ，死への不安を取り除く発問である。
　・我慢する。
　・痛み止めの薬を飲む。

ここで公益財団法人日本ホスピス・緩和ケア研究振興財団のウェブページを印刷した資料2（50ページに掲載）を配付し，「緩和ケアを知っていますか。緩和ケアとは，『生命を脅かす疾患による問題に直面する患者とその家族に対して，痛みやその他の身体的問題，心理社会的問題，スピリチュアルな問題を早期に発見し，的確な治療・処置を行うことによって，苦しみを予防し，和らげること』です。痛みやその他の苦痛な症状から解放し，死を早めたり，引き延ばしたりしません。死を迎えるまで患者が人生を積極的に生きてゆけるように支えます」等，その資料の一部を説明した。

「授業の最初に示した香山リカさんは，著書『しがみつかない生き方』の中で，『人は，生まれれば必ず年を重ね，若さを失って老いを迎え，少しずつあるいは急速に衰えて死を迎える。それじたいのいったいどこに，悪い点やマイナス点があるというのか』『老いを迎えた人たちが，若い人に多少の手間を取らせたり迷惑をかけたりするのも，当然のことなのではないだろうか』と，四苦を自分でコントロールしなければと思い詰めている現状に意見を述べています」とプロジェクターで本を提示しながら説明した。

引き続き，『私たちの道徳中学校』（107ページ）を開けるよう指示し，「人はいつか必ず死ぬということを思い知らなければ，生きているということを実感することもできない」（ハイデッガー），「ひとの生命を愛せない者に，自分の生命を愛せるわけがない」（吉川英治），「人間が生きることには，常に，どんな状況でも，意味がある」（フランクル）をプロジェクターで提示しながら範読した。

最後に，授業の感想を書かせて，授業を終えた。

資料

●資料1 死期が近い場合，心配や不安に感じること＜複数回答＞（2006年度意識調査）

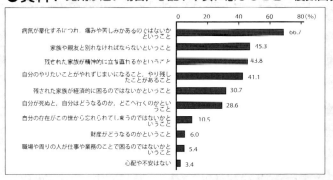

「ホスピス・緩和ケアに関する意識調査」
（公益財団法人日本ホスピス・緩和ケア研究振興財団）

●資料2

1. 緩和ケアとは
　緩和ケアとは，生命を脅かす疾患による問題に直面する患者と其の家族に対して，痛みや其の他の身体的問題，心理社会的問題，スピリチュアルな問題を早期に発見し，的確なアセスメント対処（治療・処置）を行うことによって，苦しみを予防し，和らげることで，クオリティ・オブ・ライフを改善するアプローチである。

2. 緩和ケアは……
- 痛みやその他の苦痛な症状から解放する
- 生命を尊重し，死を自然なことと認める
- 死を早めたり，引き延ばしたりしない
- 患者のためにケアの心理的，霊的側面を統合する
- 死を迎えるまで患者が人生を積極的に生きてゆけるように支える
- 家族が患者の病気や死別後の生活に適応できるように支える
- 患者と家族—死別後のカウンセリングを含む—のニーズを満たすためにチームアプローチを適用する
- QOLを高めて，病気のかていに良い影響を与える
- 延命を目指す其のほかの治療—化学療法，放射線療法—とも結びつく
- それによる苦痛な合併症をより良く理解し，管理する必要性を含んでいる

公益財団法人日本ホスピス・緩和ケア研究振興財団ウェブページより

生徒の感想

- 自分はまだ老いや病を体験したことがないので死というものを実感していなかったけれど，今日はそれを学んで生きるということを知ることができた。人がいつ死ぬかなんてものは誰にもわからないけれど，自分がいつ死んだとしても後悔しないような生き方をしたいと思った。
- 今日の授業はいつもと違う感じがした。今日は，生きる，死ぬということについて深く考えることができた。今はまだ中学生で，自分が死ぬということが，あまりまだ考えられないけれど，自分が老いていくにつれ，たぶんいろいろ考えると思う。
- 私は，家族の誰かが死んだら，きっと耐えられないと思う。でも，自分が死ぬときに，誰かが悲しんで泣いてくれたらうれしいなと思う。
- 私は死に対して，あまり考えたことがありませんでした。しかし，人には死があると実感しました。私の死より親の死が先だと思うから，自分ができることをしたいと思います。

（熊本県　池部聖吾智）

第2章　生命の尊厳　—命のつながり—

1年
2年
3年

命の重さを見つめる
4. 震災を乗り越えて

感　動　★★★
驚　き　★★☆
新たな知恵　★☆☆
振り返り　★☆☆

CD-ROM
2-4
授業用
パワーポイント

　東日本大震災。その日には大きな被害に直接あわなかったとしても，命の大切さについていろいろな面から考え直した経験をした人がたくさんいたことと思います。この授業に使った「震災を乗り越えて」には，「家族」と「社会的な関わり」，それぞれの大切さに葛藤しながら命の大切さに気づいていく中学生の視点が描かれています。このことを伝えたいと願って創った授業です。

平成23年度少年の主張
全国大会内閣総理大臣賞　「震災を乗り越えて」
いわき市立勿来(なこそ)第二中学校三年　瓜生健悟

で授業づくり！

◀資料の概要▶
　平成23年度の第33回少年の主張全国大会で内閣総理大臣賞を受賞した主張。震災直後，高校に勤務する父親は生徒の避難支援のため，家族への連絡が2日後になってしまう。そんな父に怒りをぶつける中学生の瓜生さん。その後，親から自分の出生などについて初めて聞かされ，親の思いを知り，自分の命の重さに気づく。

◀授業づくりのアドバイス▶
1. **資料をこう生かす！**…瓜生さんが父親の思いに気づく前と後ろに資料を分けて，瓜生さんの思いに印象的に出会わせる。
2. **授業構成や発問をこう工夫する！**…瓜生さんと父親がどんなことを考えたのか，どんな思いだったのかを想像し内面に迫る。いわゆる「基本型」の展開をピッタリと当てはめた展開である。

◀授業構成▶

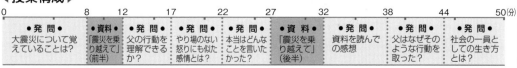

ねらい

父の思いや行動の意味を考えることを通して、命の大切さについて考える。

D［生命の尊さ］
関連：C［社会参画、公共の精神］

準備

・資料「震災を乗り越えて」を前半と後半に分けたプリント（54ページに掲載）
・いわき市勿来町と双葉町、福島第一原子力発電所の位置関係を表す地図

授業の実際（1年で実施）

東日本大震災から4年後の3月11日に近づいた2月末の実践だったので、テレビ番組や新聞でもたくさん東日本大震災について報道されている時期であった。メディアで取り上げられていることにいくつかふれた。そして最初の発問をした。

１ 4年前に我が国を襲った東日本大震災について振り返ると、今どんなことを思い出しますか。

■生徒の記憶を確認し、以降の発問・指名計画に生かすための調査的な発問である。

この発問には自由に発表させた。板書はしない。文字を残すことで心的ショックが強くなることを避けるためだ。

・いろいろな物がたくさん壊れた。
・家族（親戚）と連絡がとれなくて不安だった。
・台湾から最初にたくさんの義援金が送られた。
・ニュースの映像をはじめ見たとき、信じられなかった。
・原子力発電所の安全性について考えた。
・かなり大きな揺れを感じ、震源地がとても近いと思ったが、そうではなかったので、震源地近くの地域は本当に大変だろうと思った。

「今日は、大震災が起きた次の年度である平成23年度の『少年の主張全国大会』で内閣総理大臣賞を受賞した『震災を乗り越えて』という、いわき市の中学3年生瓜生さんの主張を資料として授業をします」と言い、資料前半を配付した。

「父の行動を理解しようとしても、片や心の中で理解できない自分がいた」という前半まで範読をした。

> <前半の概要>
> 震災直後、高校に勤務する父親は生徒の避難支援に追われ、家族への連絡が2日後になってしまう。そんな父に怒りをぶつける中学生の瓜生さん。
> （瓜生健悟「震災を乗り越えて」）

いわき市勿来町と双葉町、福島第一原子力発電所の位置関係を地図で示し、勿来町よりも双葉町の方が原発に近いことを確認した。

そして次の発問をした。

２ あなたは「父」の行動を理解できますか。理解できませんか。

■瓜生さんの気持ちを想像することで共感させる発問である。

「とても理解できる」「わりと理解できる」「あまり理解できない」「まったく理解できない」の4択で挙手させた。理解できない方に挙手が多かった。「理解できないと思う人が多いですね」と話した。

瓜生さんの内面をより具体的にとらえさせるため、次の2つのことを問うた。

３ 父に対して沸き始めた「やり場のない怒りにも似た感情」とは、どのようなものだと思いますか。

■瓜生さんの怒りの感情を理解させるための発問である。

ワークシートに書かせ、指名して発表させた。

・父の大変さがよくわかるから、思いをぶつけたくてもぶつけられないつらさ。
・父に「しっかりしてほしい」というイライラ感。

・父に会えてほっとした瞬間に沸きあがってきた感情。

「つらい気持ちを書いていた人が多かったようですね」と言って，次の発問をした。

❹「本当はもっと別な事を言いたかった」とありますが，瓜生さんはどんなことを言いたかったと思いますか。

■瓜生さんの心のなかを想像させ，苦しい思いをしている著者に共感させるための発問である。

これもワークシートに書かせて，指名して発表させた。

・父のことをとても心配していた僕たちの気持ちをわかってほしい。
・家族より，生徒の方が大切なのか。
・父がいなくて僕たちは不安でつらかったんだ。
・そこまでしないといけない状況だったのか。

そして後半の資料を配付し，範読した。

<後半の概要>
その後，親から自分の出生などについて初めて聞かされ，親の思いを知り，命の尊さ，親の愛に気づく。　（前掲）

❺この作文を聞いて，どんなことを考えましたか。

■生徒の感想から課題を見いだし，次の発問につないでいくことで，生徒主体の展開をねらった発問である。

書くことがとても苦手な生徒には「心に残ったところに赤線を引いてみて」と指示した。

赤線を引いた生徒に，「○○さんはどこに心が留まったかな」とたずねると，「『自分の命がどれほど重いものかを初めて感じた』というところ」と言った。まわりの生徒もうなずきながら聞いていた。

3人が挙手して発表した。

・子どものことも大切で，仕事場の生徒のことも大切だったんだと思った。
・震災直後はほとんど冷静ではいられないので，やむを得ないと思った。
・このように大変なことが起きたのに，月日が経つと少し忘れている自分に気づいた。

そして次の発問をした。

❻家族には電話一本せず，生徒の相談にのるために受話器をにぎる「父」は，なぜそのような行動をとったのでしょう。

■父も本当は家族のことが何より気になっていることをおさえ，それなのに家族のことを後回しにして高校の生徒のために行動したのはなぜかを考えさせる発問である。

5分かけてワークシートにしっかり書かせた。

・家は双葉町と比べ，原発から遠いので双葉町ほどの被害はないと考え，被害が大きい場所での対応を優先させるべきだと考えたから。
・家族の命を大切に思わなかったわけではないが，今，より危機的な状況にある多くの命を救いたいという思いがあったから。
・高校教師としての責任があり，生徒をほうっておくことはできないという思いがあったから。

ここで「高校教師としての責任」という発言を取り上げ，「社会の中で，高校教師がすべき役割を考えたのですね。社会の一員としての自覚に気づいた意見だと思います。そしてみなさんも社会の一員です」と言って次の発問につなげた。

❼あなたは社会の一員として，これからどのように生活していきたいですか。

■自分も社会の一員であることを自覚させ，これからどのように生きていきたいか考えさせる発問である。

発表の時間まで取れなかったが，ワークシートに次のような考えが書かれていた。

・どんな状況にあっても，命を救うことを第一に考えていきたい。
・困難なことがあっても，正しく状況を判断し，自分にできることに積極的に取り組んで，人の役に立ちたい。
・個人的なことを考えるばかりになってはいけないと思いました。バランスが大切。

●震災を乗り越えて　　平成23年度少年の主張全国大会内閣総理大臣賞
　　　　　　　　　　　いわき市立勿来第一中学校　三年　瓜生健悟

「お父さん，お父さん。」

　必死に叫ぶ僕からまるで父を遠ざけるかの様に黒い雨が降り出し，目が覚めた。こんな風に父を呼んだのはいつ以来だろう。止まない地震，真っ暗な空，工場の爆発。まるで映画の中にいる様な状況下で発令された緊急事態宣言。すぐさま僕の脳裏には原発から三キロ圏内に単身赴任している父の顔が浮かんだ。僕は無意識に受話器を取り，つながるはずのない父の番号を押さずにはいられなかった。何度も，何度も。そして放射能の不安が今にも僕を押しつぶそうとしていた。

　父と会えたのは二日後の夜中だった。原発が爆発する中，寝食も忘れて父は生徒たちを避難させていたのだ。家族を気にかける暇もなく，電話の対応に追われる父の様子を目の当たりにし，僕の心の中は，やり場のない怒りにも似た感情が沸き始めていた。そして，「なぜ電話一本くれなかったのか。」と父を責めた。本当はもっと別な事を言いたかったが，生真面目な父が僕には苦手で他に言葉が出なかったのだ。案の定，父から返ってきた言葉は「大人になればわかる。」の一言だった。

　そんな僕に母が一枚の新聞記事を見せてくれた。見出しには「生徒の相談に追われる双葉高校」。隣には受話器を握った父の姿があった。住み慣れた土地や家族を突然奪われた生徒たちの不安は計り知れない程のものであろう。でも僕にとって父はただ一人なんだ。父の行動を理解しようとしても，片や心の中で理解できない自分がいた。

　津波と原発事故は僕にとって他人事ではなかった。避難したり，家や車を流されたりした友達が沢山いたからだ。それに，もし時間がずれていたら僕たち陸上部の海岸練習中に津波にあい，僕が命を落としていたかもしれないのだ。生と死を分けたこの一瞬が単なる偶然でしかない事が，命の儚さと無情さを僕に知らしめた。

　原発が二度目の爆発を起こした事をきっかけに僕たちは家族でこの地に留まるか否かを話し合った。両親は仕事があり留まらざるを得ないが，祖父母は住み慣れた土地を離れたくなかった。家族全員の思いが違っていた時のことだった。突然，普段無口な父が祖父に頭を下げ，残っているガソリンで行ける所まで僕を連れて逃げてくれるように頼み始めた。それでも首を縦に振らない祖父に，父が一語一語かみしめるかのようにゆっくりと話し始めた。日本中の名医を訪ね，体外受精でやっと僕がこの世に生まれた事，母が副作用で命の危険にさらされながら僕を生み，今もその後遺症に苦しんでいる事を，僕はこの時初めて知った。

　今まで自分自身の命について深く考えたことのなかった僕は，自分の命がどれほど重いものかを初めて感じた。と同時に，自分だけでなく，一人一人の命が同じように重いことも。

　僕は先日父に発した言葉を後悔した。あの言葉を父はどんな気持ちで受け止めたのだろう。僕には目の前の自分しか見えていなかった。父の行動は，何としてでも尊い命を救おうとする強い心の表れだったのだ。それが僕の命であるか，僕以外の命かが違うだけで。

　未だ原発事故は収束しないが今回の父の生き様は僕に多くの事を気づかせてくれた。両親の無償の愛と，時にはそれに代えてもやらねばならない使命が大人にはあるという事を。僕には高校進学という人生最初の岐路に立った今，抱き始めた夢がある。それは人命を救助する医師への道だ。今や世界共通語となったフクシマは，大切な家族や故郷を失った悲しみと見えない放射能への不安でいっぱいだ。福島に生まれ育ち，命の重さ，儚さに触れた自分だからこそできる事，それは健康被害に不安を抱く福島の人々に寄り添い，最前線で命に向き合うことではないだろうか。なぜなら，父が身をもって教えてくれたように，人命は地球よりも重いものだから。

（栃木県　馬場真澄）

私の道徳授業づくり

原口栄一の場合

■**中学校教諭歴**（平成26年度末）　７校・28年。
■**『中学校編とっておきの道徳授業』シリーズNo.1～12**　掲載の開発実践数51本
【代表作】「好かれる努力」「失敗する旅に」（No.1），「鎌原観音堂」（No.3），「今後の可能性って？」（No.6），「東京ディズニーランドのすごいできごと」（No.10）
＊（　）内はシリーズNo.です。

Q　道徳授業を資料開発から始めるようになったきっかけは？

A　今から25年ほど前の異動2校目で，鹿児島県の北西に位置する長島中学校に赴任したことがきっかけである。そこには，教師の数は10名弱であったものの，授業の教え方や生徒との接し方などについて問題意識をもち，学ぶ意欲のある方々がそろっていた。自然発生的な流れで中学校の若い先生方数名と小学校の先生も含めて長生研というサークルを立ち上げ，月に1，2回メンバーの自宅（みんな，20～30代の独身）で学習会をすることとなった。そこでは生活指導の方法や行事のもち方，教材のネタ等が数多く持ち寄られて，それについて，みんなで意見を交わし，終了後はそこで宴会という流れであった。100回は続いたと記憶している。そんななかで，道徳授業についても資料や意見が出されて，「楽しくためになり，マネができる道徳」という㊣（マルドウ）の道徳授業を知ることができた。最初は深澤久先生の「命の授業」をはじめとする『道徳授業改革双書』の追実践を重ねた。そのうち，目の前の生徒の実態と自分の教科の特性や趣味を活かして資料開発を行うようになっていった。現在，得意とするマンガを使った道徳授業もこの時期に生み出された。

Q　道徳授業づくりで大切にしていることは？

A「楽しさ」がいちばんである。別に冗談で笑わせようというわけではない。生徒には，「教材にふれたときの楽しさ」「関心のある発問にふれ，

原口流！　道徳授業づくりの手順

考え，みんなの前で発表する楽しさ」「他の人の意外な考えにふれる楽しさ」「授業後の考えをまとめて感想を書くときの楽しさ」が感じられるようにしたい。そうすると生徒の「楽しい」反応を予想したうえで教材開発を行うので，授業実施が楽しみになってくる。また，オリジナルの教材開発を続けることで経験値が高まるとともに授業中の意外な生徒の反応も楽しめるようになってきた。もちろん，オリジナル授業もやりっ放しにするのではなく，生徒の評価や感想の記録を残すことにしており，ストックは100近くはあると思う。

1　資料収集

（1）日常の何気ない生活において
　教材を作ろうと構えるわけではなく，日常の何気ない生活のなかから，気持ちが動いたものをチェックしておく。書店でマンガや科学，歴史本等を立ち読みしているとき，テレビを見ているとき，外で何かを見たり体験したりしたとき等何でもよい。自分が「あっ，これは!?」というように思ったものは購入したり，写真を撮ったり，動画を録画したりする（そのために外出時は常にデジカメかタブレットを持ち歩いている。時には自家用車のドライブレコーダーも交通マナーの大切さを考えさせるときなど役立つことがある）。26ページのDNA模型のような具体物を製作するときもある。

（2）テーマがある場合
　ほとんどの場合，（1）で集めたマイ資料があることが多いので，パソコンのファイルや自室の本棚，時には自前の資料倉庫まで行って資料や写真，関連書籍などを探す。それでも足りない場合は，インターネット検索をかけて探す。購入するかどうかは，資料の値段と使う価値を秤にかけて決める。ちなみに資料は書籍やポスターなど紙類とは限らない。DVDやCDなどの視聴覚資料の場合もあるし，模型などの立体物の場合もある。

▼

2 授業の組み立て

　まず，メイン資料を考える。そこで，自分が感じたことを生徒に問えるような発問を考える。その際，主に次のパターンで作っている。

（1）メイン資料に導くための導入資料を持ってきて，そこで発問を行い，意識付けしてからメイン資料を考えるパターン。補足資料でさらに考えを深める場合もある。
「死の行進」（No.4）の場合
　①日本の年間自殺者数の経年グラフをみて，これは何のグラフか？→②自殺について自分なりに考えること→③自殺する動物は存在するのか？→④マンガ『獣医ドリトル1巻』の「第8話／自殺するペット」を読む。途中で止めていくつかの発問と説明→⑤レミングは本当に自殺するのか？→（⑥レミング自殺説のルーツとなった記録映画「白い荒野」を一部視聴）→⑦感想　＊（　）内は時間の余裕次第

（2）生徒自身の考えを問い，メイン資料に行き，そこで気づき，再び生徒自身の考えの構築に帰ってくるパターン。
「好かれる努力」（No.1）の場合
　①あなたはけんかをしたことがあるか？　誰が悪いか？→②マンガ『部長島耕作12巻』の「好かれる努力」を読む。途中で止めていくつかの発問と説明→③あなたは好かれる努力をしているか？→④感想

　私の道徳授業の流れは，生徒の授業の反応のよさからもこの2つが多い。もちろん，「人生シミュレーション」（No.1）のように変則的なものもある。

原口流！ 道徳授業づくりの手順

3 発問について

　テーマについてのメイン発問から考える。メイン資料で自分の心が動いたことを追体験させるような発問を考える。その後，導入的な発問，生徒の関心を高める発問，補助発問などを考えていく。

▼

4 授業後

　授業をやりっ放しにするのではなく，生徒の評価（授業に対しての「楽しさ度」と「ためになった度」で5段階評価を常にとっており，評価が悪い授業は改善したり，次回以降の実施を見送ったりしている）や感想を整理し，一つの授業パックとして保存している。
　また，同僚が実施してくれた場合も評価や感想をいただき，保管する。授業によっては，高評価ゆえに20回近く実施しているものもある。

第3章

いじめやネットトラブル等
規範意識
― 他者とのつながり ―

いじめの問題，ＳＮＳを中心とした情報モラルの問題。
学校現場は幅広く対応するため，起きてしまった後の対処には，
たいへんなエネルギーを注ぐことになる。
本来学校がいちばん力を入れるべきは「未然防止」＝「道徳教育」であろう。
一方，トラブル防止の基盤である「他者への配慮」ができるよう
しっかり育てることが，これらの問題解決の根幹にあることを忘れてはならない。
「いけないことはわかっている」と言っても間違いを起こしてしまう，
そんな中学生の心の奥底を揺さぶる，珠玉の実践がここにそろった。

1. いじめる側の心を変える
2. ＳＮＳの気持ち悪さ
3. ちびまる子ちゃんに学ぶいじめ防止
4. 万引きは人を不幸にする
5. すれ違いざまの優しさ
6. 太川陽介さんの仕切り術とは
7. 叱る＝温かさ
8. 万引きについて考える

第3章

いじめやネットトラブル等
規範意識 ―他者とのつながり―

● 授業のポイント

　「いじめる側の心を変える」「ちびまる子ちゃんに学ぶいじめ防止」は，いじめ問題を扱っているものの，前者はいじめる側にスポットを当て，後者は周りにいる者にスポットを当てている。多角的な見方や考えを醸成し，いじめ問題に迫る実践である。
　「ＳＮＳの気持ち悪さ」は，「禁止」「いけません」という指導だけでなく，なぜＳＮＳがトラブルを誘発しやすいのか，そのメカニズムを知らせることで，自分がとろうとする行動を客観的にとらえさせようとねらった授業である。
　「万引きは人を不幸にする」は，万引きは，「ネットで公開する」とまで被害を受けた店主が発言するほど人を追い詰めることについて考えさせ，規範意識を育てる。
　「すれ違いざまの優しさ」は，教師自身の「優しさってすばらしい」と感じた体験をもとに授業を創った。身のまわりの題材を授業化する１つのモデルになる。
　「太川陽介さんの仕切り術とは」は，テレビ番組の出演者との人間関係を通して，ストレス解消法を学ぶ。
　「叱る＝温かさ」は，人間関係に存在する「助言」「注意」「苦言」「指導」を受けたときの心のあり方を，サザエさんのお父さんのキャラクターや阿川佐和子さんの著書から学ぶ。
　「万引きについて考える」は，犯罪は見つからなかったとしても失うものが多いこと，そして親の視点で犯罪防止を考えさせることを通して，親が苦しむことを考えさせる。

　これらのようにいじめやＳＮＳの問題そのものを扱う実践もあれば，大きく人間関係のあり方を問うた実践もある。これらを克服すれば第１章の「美しい生き方」につながっていくし，第４章の「自己肯定感」も高くなるものである。また，その関係がより広くなると，第５章の「社会参画」へと至る。

第3章 いじめやネットトラブル等規範意識 —他者とのつながり—

1年
2年
3年

自己肯定感を育てる
1. いじめる側の心を変える

感 動	★★☆
驚 き	★☆☆
新たな知恵	★★☆
振り返り	★★☆

CD-ROM
3-1
授業用
パワーポイント

　集団にあらわれるいじめの原因は，いじめを行う人間と，それを見逃す人間にあります。そのうえで，いじめを中心的に行う人物も弱さを抱えた同じ人間であることを土台として，ともに仲間としていじめをなくす行動を選択していく心の強さをめざしていきたい——。『中学校編とっておきの道徳授業11』で紹介された授業の「スピンオフ」授業で迫ります。

『わたしから，ありがとう。』
中島啓江／原案　河原まり子／作・絵（岩崎書店）
で授業づくり！

◀資料の概要▶
　2014年に亡くなられたオペラ歌手中島啓江さんの実体験からつくられた絵本。主人公の女の子ももちゃんはクラスでいじめにあうなか，引っ越しをすることになる。そこで母親から，別れの日，みんなに「ありがとう」と言うように，と言われてしまう……。

◀授業づくりのアドバイス▶
1. **資料をこう生かす！**…『中学校編とっておきの道徳授業11』ではこの絵本を使って「いじめられた」側の視点で考えさせた。この授業では「いじめた側」の心情を想像する展開にしており，多角的な考え・判断力が増すように導く。2時間扱いの授業である。
2. **授業構成や発問をこう工夫する！**…絵本を3つの場面に絞り，そこにいじめる側であるブラッキーの視点で物語をつくっていく。ブラッキーがいじめを行うに至る経緯や，最後の場面につながる心の動きを班で考え，お話をつくるなかで心の弱さに気づかせる。

◀授業構成▶

0	6	12	17	32	40	44	48 50(分)
●資料● 絵本『わたしから，ありがとう。』	●発問● なぜ，だんだん止められなくなる？	●発問● ブラッキーはどう思っていた？			●発問● あなただったら，「ありがとう」を言えますか？	●発問● ももちゃんが言えた理由は？	●感想●
		個人解決	グループ	発表交流			

61

ねらい

いじめの行為の裏には人間の弱い心があること、人を思いやり尊重する気持ちを伝える勇気が解決の手がかりになることに気づく。
　　　　　　　　C［公正，公平，社会正義］

準備

・『わたしから，ありがとう。』
・『私たちの道徳中学校』
・ワークシート（64ページに掲載）　生徒数分

授業の実際（1年で実施）

「前の授業で，この絵本を使って授業をしたのを覚えていますか」と問いかけ，『わたしから，ありがとう。』を，7分かけてひと通り範読した。

<概要>
　主人公の女の子ももちゃん。いじめをする女の子ブラッキー。ももちゃんは近々引っ越しをするから我慢をしている。ところがももちゃんの母親は，プレゼントを渡して，「ありがとう」と言ってお別れするように言う。ももちゃんは，誰にも何も言わないで別れたいと考える……。
　お別れの日，ももちゃんは，目をじっと見て「ありがとう」とクラスメートに言っていく。クラスメートもあたたかい言葉を返してくれる。
　最後がブラッキー。おどおどしたブラッキーに「ありがとう」と言うと，ブラッキーから「ごめんなさい」という意外な言葉が返ってくる。
（中島啓江/原案　河原まり子/作・絵『わたしから，ありがとう。』岩崎書店）

「ももちゃんの『ありがとう』という言葉の強さを学びましたね。このお話は，いじめを取り上げていました。『私たちの道徳中学校』の162ページを開いてください。小学4年生くらいからだんだんと，そして中学2年生から大きく，友だちが悪いことをしたとき止められない現状がわかりますね」と説明した。

❶なぜ，だんだんと止められなくなるのでしょう。

■前回の授業ではいじめられたももちゃんからの視点であるが，違う側からとらえさせるための導入となる発問である。
・怖いから。
・自分が嫌われるかもしれない。
・中学生になると問題が複雑になるから。
「複雑とはどういうことかな」とたずねると，「いじめられる側といじめる側の関係が以前は逆だったりとか」という発言が出た。
「いじめは許されないし，いじめられる側に問題はないと先生は言ってきましたが，今言ったように，もしかしたらいじめる側といじめられる側が何度も変わっているかもしれないし，双方の人間関係をよくしていかないといけないことがあります。そのためにも背景のことを考えないといけないよね」と，学びの方向性を確認した。決して今日の授業が「いじめる側をかばう」というものではないことを確認するための大切なおさえである。
「それでは，『わたしから，ありがとう。』のお話で，いじめる側のブラッキーに視点を置いて，なぜいじめに至ったのか，また，ももちゃんの行動をどう受け止めたのかを考えてほしいと思います」と説明した。

❷次の3つの場面で，ブラッキーは心のなかで，どういうことを考えていたと思いますか。

| 場面①：ももちゃんにいじわるをする場面 |
| 場面②：お別れのとき，ももちゃんの言葉を待っている場面 |
| 場面③：ももちゃんに「ありがとう」と言われ，涙がこぼれ，何度も「ごめんなさい，ありがとう」と言う場面 |

■いじめる側の弱い心や不安を想像させる中心の発問である。自力，協働，表現と多彩な学びの方法で迫る。

第3章　いじめやネットトラブル等規範意識　－他者とのつながり－

ワークシートを配付し，はじめに書く時間を5分間与えて各自で考えさせた。想像して考えられることに個人差が出るので，書けない生徒には「どんなことを考えながら意地悪をしているんだろうね」「この絵から，どんな気持ちでいるのか想像してみるといいね」等，支援をした。

次に3～4人の班を作るように指示し，3分ほど，自分の考えたことを紹介し合った。自然に，各班で拍手などが起きていた。

その後，班でひとつのストーリーをつくるよう相談をさせた。その際，以下のことを踏まえたストーリーにするよう指示をした。

> ○ブラッキーの表情から何が読みとれるかを考える。
> ○ブラッキーが「ごめんなさい」だけではなく，「ありがとう」と言ったのはなぜかを考える。

時間は12分間ほど。ひとりの考えを中心に，言葉を加減する班が5つ，それぞれの考えを取り寄せながらストーリーが成り立つよう修正する班が2つ，ある班は個人のワークシートはあまり見ないで話し合いながらつくっていた。班で話し合いが進むように，ワークシートを向け合い，見やすくなるよう助言した。

各班のブラッキーのいじめの原因は次のようになった。

1，2，3班：もともとはいちばん人気があったのにその地位を奪われたことへの恨み。

4，5班：本当は友だちになりたいのだがうまく言えず，意地悪なことを言って近づこうとした。

6，7班：親の愛情が詰まった服を見て，自分の家庭環境を恨んで，そのはけ口にしている。

8班：何かの理由で意地悪をしてしまったが，本当は仲直りをして，仲良くなりたいと思っているが，なかなか言えない。言うタイミングがない。

9班：本人はまったく悪意がなく，遊び半分の気持ちでいる。

ここで，生徒の発表の機会を増やすため，そして思考を活性化させるため，「各班で作ったストーリーを，1，4，6班のAグループ，2，5，8班のBグループ，3，7，9班のCグループにわかれて，全部の班に発表してもらいます」と指示し，教室の中に3つの円陣を作り，相互に発表をさせた。8分間ほどかかった。

声が小さいときは円陣が小さくなったり，もう一度お願いしたりしていた。ここでも自然に拍手が起こるなど，友だちの考えを聞きあう雰囲気になっていた。

「ブラッキーにも弱い心があるのでは，といろいろ考えることができました。あらためて問います」と言い，次の発問をした。

❸あなただったら，そんなブラッキーに「ありがとう」と言えますか。

■前回の授業ではいじめられたももちゃんからの視点であるが，違う側からとらえさせるための発問である。

挙手で確認し，その理由を3人が述べた。
＜言える＞…13人
・ブラッキーにもいろいろ事情があるようだから，早くいい人になってほしい。
・相手のことを考えて言える方がすごいからがんばってみたい。
＜言えない＞…18人
・そういう理由があっても，自分が受けたことはやっぱり許せないと思う。

「言えないという人も多いですが，ももちゃんは言ったのですよね」と確認した。

❹ももちゃんはどうして言えたのでしょう。

■あらためて感じとらせたい，良心の気高さを確認する発問である。

これもワークシートに書いて，指名して発表させた。

1人の生徒が挙手し，「相手の目をまっすぐ見たときに，いままで見えなかったブラッキーの心が見えたことで，自然に言葉が出た」と発表した。「そのことは前の時間にも思いつきましたか」と聞くと，「今日の授業でブラッキーの心を考えて気がついた」と答えた。

最後に，絵本の作者の中島啓江さんが先日亡くなったことを伝え，素敵な絵本を残してくださったことに感謝して，授業を終えた。

資料

●「青少年の体験活動等と自立に関する実態調査」 国立青少年教育振興機構
(平成22年度)

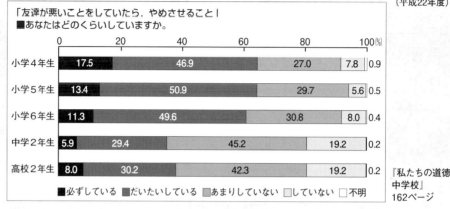

「友達が悪いことをしていたら、やめさせること」
■あなたはどのくらいしていますか。

	必ずしている	だいたいしている	あまりしていない	していない	不明
小学4年生	17.5	46.9	27.0	7.8	0.9
小学5年生	13.4	50.9	29.7	5.6	0.5
小学6年生	11.3	49.6	30.8	8.0	0.4
中学2年生	5.9	29.4	45.2	19.2	0.2
高校2年生	8.0	30.2	42.3	19.2	0.2

『私たちの道徳 中学校』162ページ

●ワークシートの概要

（　）年（　）組（　）番　氏名（　　　　）

1．なぜ、だんだんと止められなくなるのでしょう。
2．次の3つの場面で、ブラッキーは心のなかで、どういうことを考えていたと思いますか。

場面①
場面②
場面③

3．あなただったら、そんなブラッキーに「ありがとう」と言えますか。
（　はい　いいえ　）
4．ももちゃんはどうして言えたのでしょう。

スピンオフ型道徳授業群とは？

　ひとつの資料に登場する複数の人物によって視点を変えながら、同じ内容項目に迫る授業群である。1時間目にいじめられる側のももちゃんの内面に迫った後に、2時間目ではいじめる側のブラッキーに視点を当てた。傍観者に当てることも可能である。これらの授業群でねらいの達成を図る。

　映画やテレビドラマでいうスピンオフ。『相棒』のスピンオフ『鑑識・米沢守の事件簿』『相棒シリーズ X DAY』、『踊る大捜査線』のスピンオフ『交渉人 真下正義』『容疑者 室井慎次』が有名。よってこのタイプの複数道徳授業群を「スピンオフ型道徳授業群」と命名したい。

（熊本県　角田美香・村上智治）

第3章 いじめやネットトラブル等規範意識 －他者とのつながり－

1年
2年
3年

「つながること」に気をつけてほしい
2. SNSの気持ち悪さ

感　動	★☆☆
驚　き	★★☆
新たな知恵	★★★
振り返り	★★☆

CD-ROM
3-2
授業用
パワーポイント

　中学生にとって携帯電話やスマートフォンでの友だちとのSNSのコミュニケーションはとても関心が高いものです。一方，そこから始まるトラブルも後を絶たず，情報モラルの授業が多数提案されていますが，表面的な活用方法の指導で終わっていることが多いように思います。心の内面を分析した授業をすることで，生徒は自分自身の行為を客観的に冷静に見ることができるのではないか，そう願って創った授業です。

『ソーシャルメディアの何が気持ち悪いのか』 で授業づくり！
香山リカ（朝日新書）

◀資料の概要▶
　ツイッターやLINEなどのSNSは生徒の生活に深く浸透してきた。一方でそれに息苦しさを感じている生徒も多い。ネット上でのつながりなど賞賛される一方で，その反対にある悪意によるブログの炎上もある。このSNSへの違和感の正体や変わりつつある社会について精神科医の香山リカさんが鋭く迫る。

◀授業づくりのアドバイス▶
1. **資料をこう生かす！**…SNSでなぜトラブルが起きるのか。その根源的な問いに答える資料は少ない。その答えを与えてくれる香山さんの見方を，そのまま生徒にぶつけて，生徒自身の考えをゆさぶる。
2. **授業構成や発問をこう工夫する！**…携帯電話やスマートフォンについては，まったく使っていない生徒とヘビーユーザーが教室には混在している。最初の発問「どのようなトラブルがあるか」でその差を埋めた後に，香山さんの論にふれさせていく。その際，図を使い，補足していくことで，生徒の理解を助ける。

◀授業構成▶

0	16	20	30	34	40	43	50(分)
●発問● ネットトラブルには何がある？	●資料● ソーシャルメディアの何が気持ち悪いのか	●発問● なぜSNSでトラブル？	●資料● ソーシャルメディアの何が気持ち悪いのか	●発問● 攻撃する人はきちんとした人？	●資料● ソーシャルメディアの何が気持ち悪いのか	●発問● 自分に照らし合わせると？

65

ねらい

SNS上のトラブルが起こりやすい理由を知り、トラブルを起こさないよう冷静に考えて行動できる道徳性を高める。

C［公正、公平、社会正義］

準備

・資料1～3（68ページに掲載）
・ワークシート生徒数分

授業の実際（3年で実施）

「携帯電話は便利ですね。緊急の連絡が取りやすいし、スマートフォンはほとんどパソコンで、いつでも貴重な資料が取り出せます。私も仕事上、不可欠なものになってきました」と説明した。

「いいことばかりかな」と聞くと「そうではない」という反応が返ってきたので、最初の発問をした。

❶携帯電話・スマホ等の情報機器の使用で起きているトラブルには、どのようなものがありますか。

■ネットトラブルの知識を確認し、生徒の認識の個人差を埋める発問である。

全員に指名して一つずつ発表させていった。「毎日何時間もはまってしまう」と答えた生徒には「ネット依存ですね」と答えて「ネット依存」と板書した。「自分の住所などが知られてしまう」と答えた生徒には「個人情報が流れてしまうことですね」と応えて「個人情報の流布」と板書した。

すると、以下、6つの大枠にまとめられた。

```
1．個人情報の流布
2．ネット依存
3．お金関係のトラブル
4．人間関係のトラブル
5．有害情報
6．著作権の問題
```

同じ枠の発言があれば、その大枠の下に「正」の字で、重なった回数を書き加えていった。

「この6つのなかで、自分や友だちが実際に関係したものがありますか。挙手をしてください」と言って確認すると、ネット依存や人間関係のトラブル、有害情報に比較的挙手が多かった。「校内のアンケートからも、一日に何時間もネットをやっている人がいることがわかっています。また、いじめにはSNSが関係することが多いですね。フィルタリングをしていなかったため、残虐な動画を小学生が見てしまい、問題にもなっています」とその3つについて解説した。

「SNSで起きる人間関係のトラブルについて、精神科医の香山リカさんが著書の『ソーシャルメディアの何が気持ち悪いのか』でその原因の分析などを書いています。SNSの問題に対応するヒントになりますので、みなさんに考えてもらいたいと思います」と説明し、「序章でSNSへの危惧について述べています」と言って、資料1を配付し、範読した。「絆」「つながり」というわりには、一方的な発信を双方向的なコミュニケーションだと勘違いさせる、世にも気持ち悪い装置ではないかと説明している。

❷なぜSNSでのコミュニケーションではトラブルが起きやすいのでしょう。

■ネットトラブルの知識を確認し、生徒の認識の個人差を埋める発問である。

となり同士で、さらに席が近い者同士で話し合わせた。その後、挙手発表を求めると、2人の生徒が発表した。

・相手の顔が見えないから、相手の顔色を見ながら発言できないで、傷つけるようなことを書き込んだり言い過ぎたりする。
・文章が短く、下手なので、本当に言いたいことが伝わらない。

「2人の発表の通り、人間関係に関することをSNSでやり取りすることには危険が伴いますね。どうすればいいかな」と聞くと、最初に発表した生徒が「『明日直接会って話し合おうね』と書き込んで、直接会話した方がいいです」と答えた。

第3章 いじめやネットトラブル等規範意識 −他者とのつながり−

「攻撃性や嫉妬や憎悪なども，そもそもはその人の心の奥に押し込められていたものだと香山さんは述べています」と説明し，資料2を配付し，範読した。いつもは押し込めている心の中の負の部分が出てしまうことを説明している。

そして，「先生は次のように理解しました」と言って，はじめに図1を板書し，「SNSが加わるとこうなるということでしょうか」と言って，図2のように書き加えと修正をした。

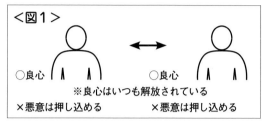

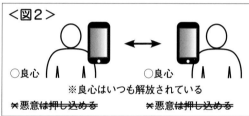

「SNSでは，人がいつもブレーキをかけているところが出てしまうことをわかっていないといけませんね」と締めくくった。

「また，SNS上のトラブルには，『〇〇さんは許せない』という行きすぎた個人攻撃が，間違いをした人に行われることがあります。正義の味方のようになった気持ちでしょうか」と説明し，次の発問をした。

3 攻撃している人自身は，きちんとしたことができる人ばかりでしょうか。
■発言している人自身へ視点を移させる発問である。

「はい」「いいえ」で挙手をさせると，全員が「いいえ」に挙手した。そこで資料3を配付し，範読した。「自分を棚に上げてすばらしいことを言っても，『そういうあなたはそんなことができるのか』と言われにくいのがSNSの世界です。友だち同士のグループで

も，SNSのなかであれば，少しそのようなことも表面化するのではないでしょうか」と説明した。

そして，「次のように理解しました」と言って，図3を板書し，それを「SNSが加わると……」と言って，図4のように書き加えと修正をした。

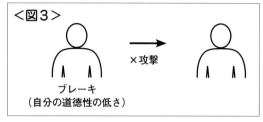

「香山さんは，『傷つきたくないから，自分を正義の側の人とするため，他者を攻撃する』とも言っています」と説明を加え，最後の発問をした。

4 この授業で考えたことを自分に照らし合わせると，どんなことを思いましたか。
■自分を直接振り返る発問である。

ワークシートに書かせた。そのなかで2人に発表させた。

・なぜSNSだとカリカリとしてしまうか，その理由に気づくことができた。携帯に内面を引き出されていることを知った。
・たしかに内面が出たんだと思うけど，その内面がその人の本当の姿とは思わない。日頃きちんとおさえているところが本当のその人自身と思いたい。

● 資料1 「つながり」がはらむカン違い

　社会を見わたせば，「絆の時代」と言われ，人と人との結びつき，助け合いがこれでもか，とばかりに強調されている。また，それにこたえるかのごとく，ソーシャルメディア（ＳＮＳ＝Social Networking Service）と言われるネットを使った双方向のコミュニケーションツールが次々に誕生し，若い世代を中心に爆発的に普及している。

　しかし実際には，「絆」が強調され，「つながり」のメディアが生まれれば生まれるほど，他者の気持ちをいっさい慮（おもんぱか）らず，「私がこう言ったり行動したりしたら，他の人たちはどう思うか」という想像ができない人たちが増えているようなのだ。

　診察室で「私はこう思う」「私にとっての〇〇とはこうなんです」とある意味で自信たっぷりに自分の考えやものごとの定義を主張してばかりいる人たちを見ていると，SNSは人と人とをつなげるツールどころか，一方的な発信を双方向的なコミュニケーションだとカン違いさせる，世にも気持ち悪い装置なのではないか，と思うほどだ。　（香山リカ『ソーシャルメディアの何が気持ち悪いのか』朝日新書）

● 資料2　ネットで「悪意」が解放される理由

　このように，ネットにあるのは「日常では出せない自分，出してはいけない自分」を解放させる，という機能であり，まったく新規に"いつもと違う自分"を生み出す力まではそこにはないのではないだろうか。〔中略〕

　こうやって考えていくと，どうしても「人の心の奥にあるのは悪意」という性悪説に傾いて行かざるをえないように思えるのだが，そうではない。人の心にある善意や良心のほうは心の奥に押し込められる必要がないために，ネットにアクセスするまでもなく日常のなかで少しずつ解放されているので，ネットで解放されるのは悪意ということになるのではないか。〔中略〕

　それは同時に，それくらい日常の生活では自分を抑制し，とくに攻撃的な側面や憎悪や嫉妬などの感情は人前では隠しながら振る舞うことを求められている，ということでもある。　（前掲書）

● 資料3　他人に対してだけ道徳的な人たち

　ネット上で，他人のちょっとした逸脱行為や社会のルール違反さえ許せないという人が増えているのだとしたら，現実世界も礼儀正しくて謹厳実直な人であふれてもよさそうなものだが，決してそうはならない。「道徳的であれ」というのはあくまで他人に対して求めているだけで，自分はあくまで道徳的でない人から被害を受けるか受けないか，という側にしか身を置かない。「他人のルール違反も問題だが，私自身はどうだろう」と我が身に置き換えて考えることはない。

　ただ，これはネット上に限ったことではないようだ。以前，「学生による大学の授業評価は後ろの席に座る学生ほど厳しい」という，一見，矛盾した内容の記事が新聞に載ったことがあった。つまり，前の席に座って熱心に教員の話に耳を傾ける学生よりも，後ろの席で私語に興じたり漫画を読み耽っていたりする学生ほど，いま流行りの「授業評価アンケート」を取ると「内容がつまらない」「話がわかりにくい」などと酷評する，というのだ。　（前掲書）

（熊本県　桃﨑剛寿）

第3章　いじめやネットトラブル等規範意識　－他者とのつながり－

1年
2年
3年

いじめ防止・自己肯定感を育てる

3. ちびまる子ちゃんに学ぶいじめ防止

感　動　★★☆
驚　き　★☆☆
新たな知恵　★☆☆
振り返り　★★★

CD-ROM
3-3
授業用
パワーポイント

　保護者参観日にした授業です。中学生は，友だちとの関係が親との関係を上回るように感じることもあります。しかし誰にも親がいて，長年に渡って，自分たちの知らないところでも心配し，見守っています。保護者とともに親ならではの気持ちを想像する時間をもつことで，誰にも常に大事に思ってくれる親がいることのありがたさや，自分の命も人生も，決して本人だけのものではないことに気づかせたいと願って考えた授業です。

「たかしくんの巻」『ちびまる子ちゃん12』(リボンマスコットコミックス) で授業づくり！
さくらももこ（集英社）

◀資料の概要▶
　心やさしいたかしくんは，毎朝遅刻していることを責められて，クラスの2人の男子にいじめられている。ある日の給食で牛乳を残していることを彼らに知られ，そのことでいじめがエスカレートする。見かねたまる子は，いじめている男子2人に「あやまんなよ」と迫るが，逆に突き飛ばされて，ケガをしてしまう。

◀授業づくりのアドバイス▶
1️⃣資料をこう生かす！…マンガをそのまま見せることが，主人公への共感を高め，お母さんの思いをよりリアルに想像することにつながる。ページ数は多いが，大型TVやプロジェクター等でマンガを映して読み聞かせをするとよい。
2️⃣授業構成や発問をこう工夫する！…マンガを読む前に，主人公のまる子ではなく，お母さんの気持ちを考えてもらい，全員に発表してもらうこと，保護者にも思いを語ってもらうことを伝えてから授業を始める。

◀授業構成▶

0　2	10	15		37	50(分)
●導入● 本時の流れを予告。	●資料● 「たかしくんの巻」 『ちびまる子ちゃん12』	●発問● お母さんの気持ちは？	●発問● 保護者の思いは？		●感想●

ねらい

子どもに対する親の愛情や思いを想像することを通して、家族の大切さや命の大切さに気づく。　C［家族愛，家庭生活の充実］

準備

・『ちびまる子ちゃん12』（リボンマスコットコミックス）
・実物投影機

授業の実際（1年で実施）

「今日は，マンガの『ちびまる子ちゃん』を使って道徳の授業をします」と言うと，生徒たちはうれしそうな笑顔を見せた。

そのうえで，「今日みんなに考えてもらうのは，主人公のまるちゃんの気持ちではなく，最後のシーンでのお母さんの言葉と気持ちです。全員に発表してもらいますので，そのつもりでマンガを見てください」と，授業の流れを予告した。

さらに「参観されている保護者のみなさまにも，親ならこう思うという意見を最後に言っていただきたいと思いますので，どうぞよろしくお願いいたします」と付け加えた。

実物投影機とプロジェクターや大型モニターなどを使って，マンガを見せながら範読していった。配役を決めて生徒に台詞を言わせるのも楽しいだろう。

考えさせる最後の場面でのお母さんの台詞は付箋などで隠し，見えないようにしておく。

> ＜概要＞
> たかしくんは朝，遅刻することや給食を食べるのが遅いことで男子からいじめられている。まる子は止めに入ったが突き飛ばされ，頭から血を出す大ケガを負う。
> （さくらももこ「たかしくんの巻」『ちびまる子ちゃん12』
> 〈リボンマスコットコミックス〉集英社）

読み終わったら，

①たかしくんがいじめられている場面
②まる子があやまらせようと迫り，ケガをする場面
③寝ているまる子たちにお母さんが声をかける場面

の3つ場面のマンガを掲載したワークシートを配付し，あらすじを簡単に確認した。

「最後のシーンです」と言って，予告していた発問をした。

❶いじめを止めようとしてケガをして帰ってきたまる子が寝ているとき，お母さんはどんな言葉をかけたでしょう。

■家族の思いに気づかせるための発問である。

ワークシートに記入するよう指示をした。
・ほんとにドジなんだから。
・おやすみなさい。
・どうしてそんなに無理をしたの。
・あんたはエライ。
・お母さんは泣かないよ。

机間指導をして全員が書いたことを確認したところで，続けて次の発問をした。連動する問いである。

ちなみに，お母さんの言葉は最後まで提示しない。発問の❶，❷の考えをすべて認めるためである。

❷その言葉をお母さんはどんな気持ちで言ったのでしょうか。

■家族の思いについて深く考えさせるための発問である。

「お母さんの立場になって，このときのお母さんの言葉と気持ちを想像して書いてみよう」と言って，5分ほど時間をとり，じっくり書かせた。

生徒は静かな雰囲気の中で黙々と書いていた。

「それでは全員に発表してもらいます」と言って，生徒を指名して発表させていった。全員に言わせたいので，挙手ではなく教師が意図的に指名していった。

第3章 いじめやネットトラブル等規範意識 －他者とのつながり－

＜生徒の考え＞
「無理をするんじゃないよ」
・2人とも大事。何かあったら悲しい。
・けがをしたまる子なんて見たくない。
「ほんとにドジなんだから」
・元気に育ってほしい。
・早く元気になってね。
「おやすみなさい」
・いろいろあったから，疲れたでしょう。早くケガが治るといいね。
「どうしてそんなに無理をしたの？」
・どんなにいいことをしても，ケガをしたらダメだよ。
・無理しないでね。心配だから。
「あんたはエライ」
・ケガをしたのは心配だけど，少しうれしい。よくやったね。
「お母さんは泣かないよ」
・まる子の成長がうれしかった。よくがんばったね。

　板書は内容を可能な限り分類して，言葉は白チョーク，気持ちは黄色チョークで書いていった。お母さんの言葉だけでなく，そのときの気持ちを言わせることで，同じような言葉でも思いが少し違っているので，全員が発表する意味が出てくる。

　全員が発表したところで，「今日は保護者のみなさまに来ていただいているので，保護者のみなさまからもご意見をうかがいたいと思います。おそらく，お父さんお母さんならではの，親としての思いがあることと思います。どうぞよろしくお願いいたします」と話をして，参観している保護者のみなさまからも意見を言っていただいた。

　最初に言い出すのは勇気がいるので，事前に学級の役員さんに「最初に意見を言っていただけますか」とお願いしておき，口火を切っていただくなど，その後がスムーズにいくように配慮した。

＜保護者の意見＞
・本当に何があったのかを知りたい。ちゃんと話をしてね。
・ケガが残らなければいいのだけれど。
・体のケガも心配だけど，心のケガも心配。この後，うまくやっていけるといいのだけれど。
・明日からも元気に学校に行ってくれるか，とても心配。でも，まる子なら，きっと大丈夫だと思いたい。
・見て見ぬふりをしなかったのはとてもエライ。そんなまる子で母さんうれしい。
・友だちのことをかばってケガをするなんて，勇気や思いやり心が成長したことがとてもうれしい。でもやっぱり心配。
・お父さんも本当は心配していたのよ。お姉ちゃんだって，家族みんなで，あんたのことを心配しているからね。困ったら相談するんだよ。
・あんたが他の人にケガをさせなくてよかった。

子どもたちは，しんみりと聞いていた。
　「今日の授業では，保護者のみなさまのおかげで多くのことを学んだことと思います。感想をできるだけたくさん書いてみよう」と言って，感想を書かせた。生徒の感想を数人でも紹介したかったが時間が足りず，できなかった。

　私も親として保護者の方の気持ちがよくわかることを告げて終わった。

生徒の感想

感想を書かせると授業のねらい以外にも気づいたことで自分を振り返って考えてみたことが出てくる。ここではねらいに関する内容と，関連する内容について紹介したい。

＜親の思いへの気づき＞

- 私は体のケガを優先して心配すると思っていたけど，親としては，ケガをした理由とかまわりの状況が気になるんだなと思った。できるだけ親に心配させたくないなと思った。
- 自分がケガをしたときも，やっぱり心配してくれるんだなあと思った。帰る時間が遅いと「こんな時間まで何やってたの」って叱られるけど，その後「変な人がうろついているから，気をつけてよ」って言われるから，ああ，やっぱり心配してくれるんだなって思った。これからは心配をさせないように，自分のことはちゃんとしたい。いつも心配かけているんだと改めて思った。
- 参観してくださったお母さんたちの気持ちを聞いて，私たちのことを心配してくれていることがわかって，とてもうれしく思いました。まるちゃんは小学3年生でも友だちを守ろうとしたから，お母さんも心配だけど，成長したなあと感じたのだと思います。
- お母さんは「まる子はたかしくんを守ってあげたのかな？」と気づいたけど，まる子が本当のことを言ってくれるのを待つと思う。いつもお母さんはまる子のことを叱るけど，それはきっとまる子のことを考えているからこそだし，そういうことを考えると，自分がもしケガをしたら素直に親に言えるだろうかと思った。親はどんなことを考えるだろう。
- お母さんたちは，僕たちの体の傷も心配だけど，心の傷も心配になることがわかった。
- まる子はたかしくんがいじめられていることをお母さんに話したことで「やめなよ」と言うことができたのかなと思った。まる子のお母さんと話をしていて，たかしくんのお母さんも同じ気持ちなんだと思ったから「やめなよ」と言えたんだと思う。

＜いじめを許さない心＞

- まるちゃんは小学3年生なのに，いじめられている子を助けるなんてすごいなあと思いました。私もまるちゃんみたいに止められたらいいです。私が子どもを産んだら，今日の授業で予想したような感情になると思います。なので，お母さんやお父さんに心配や悲しい思い，悔しい思いをさせたくないなと思いました。
- 私が小学校のとき，ちょっとしたことでいやなことを友だちからされて帰って母に行ったとき，母は「自分がやられていやなことは絶対にやっちゃいけない」と言われたことがあります。それで私も，友だちにいやなことをやらないように気をつけています。

（静岡県　武藤寿彰）

第3章　いじめやネットトラブル等規範意識　―他者とのつながり―

1年 2年 3年

規範意識

4. 万引きは人を不幸にする

感動	★☆☆
驚き	★☆☆
新たな知恵	★★★
振り返り	★★☆

CD-ROM
3-4
授業用
パワーポイント

　少年犯罪で最も多い「万引き」。悪いことだと知っているのに「ついやってしまった」ことが，自分の家族やお店の人を苦しめることになります。お店の人の声，被害総額，万引きをしてしまう心理的な背景などを教え，犯行を思いとどまらせるための声のかけ方をロールプレイを通して考え，万引きは絶対にダメだという強い心をもたせたいと願って創った授業です。

万引防止啓発のための壁新聞「**たかが万引き？　万引犯罪は多くの人を不幸にします。**」全国万引犯罪防止機構　で授業づくり！

◆資料の概要▶
　ポスターは，お店の人の声，万引きをした少年の心理的背景，被害総額など，「どんな理由があってもお店の商品を盗むのは『絶対にダメ!!』」なことがコンパクトにまとめられている。

◆授業づくりのアドバイス▶
1. **資料をこう生かす！**…ポスターには万引きは許されないこととして知らせたい知識がコンパクトにまとめられている。ポイントとなることをあらかじめ発問して考えさせたうえで資料を配付し，しっかり理解させる。
2. **授業構成や発問をこう工夫する！**…お店の人の悔しい思いに共感させた後に，万引きの犯罪性についてポスターから学ぶ。万引きを思いとどまらせるロールプレイを行い，万引きは絶対にダメだという強い心をもたせる展開にした。

◆授業構成▶

ねらい

万引きは人を不幸にするものであり、絶対にダメだという規範意識をもつ。

C［遵法精神、公徳心］

準備

・万引防止啓発のための壁新聞（76ページに掲載）
「たかが万引き？ 万引犯罪は多くの人を不幸にします。」

授業の実際（1年で実施）

お店のイラストを提示しながら、「あなたがあるお店の店主とします。そして万引きの被害に遭い、その犯人を捕まえました。そう仮定して考えてください」と言って、最初の発問をした。

■1 あなたが万引きの被害に遭ったお店の店主だったらどうしますか。

■犯人の顔写真を公開するというお店の人の考えを印象づけるための発問である。

・警察に届ける。
・買い取ってもらう。
・万引きした人の学校や仕事場にも言う。
・二度としないことを約束させる。
・他の品物も買わせる。

「許さない人が多いですね。最近、東京のあるお店が27万円もする『鉄人28号』のおもちゃを万引きされ、『万引きした疑いのある人の顔写真を公開する』ことを検討するということで話題になりました。お店はホームページで『おもちゃを返さなければ、防犯カメラに映った顔写真を公開する』と警告したのです。警察から『捜査の妨げになる』と言われたので、結局公開はしませんでした。その後、この万引きをした疑いである男が逮捕されました」と説明した。ホームページで公開するという説明をしたときは生徒も驚いていた。そして次の発問をした。

■2 万引きの被害に遭ったお店の人はどんな気持ちでホームページでの公開を検討したと思いますか。

■お店の側の深刻な状況を考える発問である。

近くの人と話し合わせたうえで、3人が挙手したので指名した。

・絶対に許せないというとても強い気持ち。
・このまま取られっぱなしであると、また、やられてしまうので防ぎたいという気持ち。
・自分のお店でなく、本当に困っていることだということをアピールしたいという気持ち。

「最後に『全国のお店を代表して』という発表がありました。全国万引犯罪防止機構のポスターの『お店の人の声』を知らせます」と言って、次を大きく提示した。

○何とか万引きを防ごうと必死にがんばっていますが、被害はいっこうに減らず困り果てています。「商品を出すのが嫌になっちゃいますね」「商品はしまっておきたいくらいです」

○私は子供の喜ぶ顔が大好きでおもちゃ屋をやっていましたが、ゲームソフトが次々と万引きされるようになって……。
被害は年々ふくらみ大きな赤字に悩まされるようになり……。結局、借金を抱え、店を失いました。

（万引防止啓発のための壁新聞
「たかが万引き？ 万引犯罪は多くの人を不幸にします。」
全国万引犯罪防止機構）

■3 2つの「お店の人の声」を読んで、どのような感想をもちましたか。

■お店の方のつらい気持ちを理解させるための発問である。

列指名した。

・とても困っているのがよくわかる。
・顔を公開したいという気持ちがわかる。
・店を失うぐらい深刻なんだとわかった。

「店を失うくらいのダメージなんだね」と

第3章 いじめやネットトラブル等規範意識 ―他者とのつながり―

言って，次の問いをした。

4 1冊の本が盗まれると何冊売らなければ赤字になると思いますか。3択です。
　ア 5冊　　イ 20冊　　ウ 50冊
■もうけがいくらになるか，ほんのわずかにしか過ぎないことに気づかせる発問である。

挙手で確かめると，イ，ウ，アの順に多かった。

「100円の売り上げで仕入れは78円，経費は20円。つまり純利益はわずか2円です。100円を売って，たったの2円が利益です。つまり，100円を2円で割ると，50冊になります」と，計算式を板書しながら説明した。予想以上に売らないともうけにならないことに生徒は驚いていた。

5 日本全体ではどれだけの被害総額になるか予想しましょう。
■万引きの被害総額の深刻な状況を知るための発問である。

ひとりの生徒を指名して，金額を予想で答えさせると「1千万円です」と答えた。「それより少ないと思う人。もっと多いと思う人」とたずねると，多い方が多かったので「そうです。もっと多いです」と言い，0を順番に黒板に書いていった。

461500000000円（4,615億円）と書くと驚きの声があがった。リアクションが大きかった生徒にどう思ったか感想を聞くと，「あまりにも多すぎ」と答えた。

6 万引きをすると，どれだけの罪になるのでしょうか。穴埋めをしなさい。

> 万引きは窃盗罪，
> 　（　　）年以下の懲役　または
> 　（　　）万円以下の罰金です。

■万引きは犯罪だと言われているが，どれだけの罪になるのかを刑法に照らして知らせるための発問である。

列指名でどんどん当てていき，正解を出した。「万引きは窃盗罪で，10年以下の懲役または50万円以下の罰金です」と説明した。

いちばん前の生徒に感想を聞くと，「出来心でやってしまったかもしれないけど，大変」と答えた。

全国万引犯罪防止機構の「万引防止啓発のための壁新聞」を印刷したプリントを配付し，3分ほど自由に読ませた。この時間で得た知識の復習になる。

最後に，犯罪を防ぐためのロールプレイをした。「友人が止めれば万引きをしなかった」が最も犯行を思いとどまる要因である。実際の場面を想定して答える演習を行った。

「壁新聞の中の，犯行を思いとどまる環境的要因を見てください。いちばんの要因はどれですか。友人が止めることのようですね。それでは次のようにロールプレイで実際にやってみましょう」と指示をした。

①太郎または花子役，次郎または美子役を決める（交互に両方の役を行う）。
②太郎または花子役が，「次郎（または美子），万引きしようぜ。店員は見ていないから」と読む。
　文章は変えない。
③次郎または美子役が，やめるように説得する言葉をかける。その際，「太郎（または花子），……」と言ってはじめる。

犯罪をもちかけることを演技させるため，あくまで役割ということがわかるよう，太郎などの役割名をはっきり言わせることで安心感を与えて演技をさせる配慮が必要である。

2つのペアを合わせて，4人の班でお互いに役割演技を見せながら行った。ひとつの班は「まずいぞ。警察に捕まるぞ。高校に行けなくなるぞ」と言っていたので，代表でそのペアを全員の前で見せた。そして，やってみた感想を発表させると，「友人が警察に捕まってほしくないので気持ちを込めてできた」と答え，自然と拍手が起きた。

感想を書かせて，授業を終えた。

資料 ●万引防止啓発のための壁新聞

生徒の感想

・万引きは軽い気持ちでやってしまう人が多いと思いました。でもお店の人の気持ちを考えると，たった1冊でも50冊を売らなければ利益にならないことを知って，万引きは店の人を苦しめる犯罪だと改めて思いました。私は絶対に万引きはしません。

（長野県　岡部仁）

第3章　いじめやネットトラブル等規範意識　―他者とのつながり―

1年
2年
3年

現実から優しさを学ぶ

5. すれ違いざまの優しさ

感　動	★★★
驚　き	★★☆
新たな知恵	★☆☆
振り返り	★★☆

CD-ROM
3-5
授業用
パワーポイント

　中学生は，他の人を思いやることが大切だと理解しているものの，自己中心的な言動をしてしまうこともあります。また，感じたことや思ったことなどを素直に表現できない場合も多くあります。そこで，生徒にとって身近な話を教材にして，思いやりをもつことの大切さについて，改めて気づかせたいと考え，この授業を創りました。

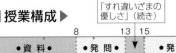

で授業づくり！

◀資料の概要▶

　指導者の体験をもとに作成した2つの資料である。前半は自転車に乗った中学生が，道をゆずった私にかわって信号の押しボタンをさりげなく押してくれて感動したという話である。
　後半は落とし物が何人かの人の思いやりが連鎖して，持ち主のもとに返ってきたという話である。

◀授業づくりのアドバイス▶

1 資料をこう生かす！…前半の資料を途中まで提示して話の続きを考えさせ，主体的に考えることにつなげる。後半の資料では，実際に戻って来たビブスの実物等を提示することでより実感をもたせる。

2 授業構成や発問をこう工夫する！…最後に，前半の資料に関する中学生からの手紙を読むことで，実際にあった話であることを実感させ，実践意欲につなげる。

◀授業構成▶

0		8		13	15		22		34	38	41	44	46	50(分)

●資料●
「すれ違いざまの優しさ」（途中まで）

●発問●
この後は？

●資料●
「すれ違いざまの優しさ」（続き）

●発問●
なぜボタンを押したのか？

●発問●
あなただったら？

●発問●
このタイトルは？

●資料●
「ビブス」

●発問●
戻ってきた理由？

●資料●
メール

●感想●

ねらい

2つの実話から思いやりの大切さに気づき、よりよく生きようとする意欲を高める。
B［思いやり、感謝］

準備

・資料1、資料2（80ページに掲載）
・資料1のイラスト

授業の実際（1年で実施）

「みなさん、KIZUNAアンケート（いじめの早期発見のために毎月1回実施している）のいちばん最初の質問をおぼえていますか。アンケートのことを頭の片隅にちょっと置いて、これからの授業に臨んでください」と話した。

資料1を配付して範読した。信号の押しボタンを押そうとしたとき、自転車に道を譲ったという内容である。あわせて、道路や自転車の位置関係を示した下のイラストを提示した。

資料の内容は理解できたようであった。

１話の続きはどうなると思いますか。

■資料に、より感動する出会いを演出する発問である。

となりの友だちと考えるよう指示をした。1分間話し合わせた後、指名した。

・自転車の集団とぶつかった。
・自転車に乗った人が会釈をして通り過ぎた。

「話の続きはこうでした」と言って、スライドで提示した。

> 自転車の集団が私の前を通っていく。集団のいちばん後ろにいた中学生が私の前で止まり、押ボタンを押した。私は、その中学生も道路をわたるつもりでボタンを押したのだろうと思った。すると、その中学生は、自転車に乗ったまま行ってしまった。
>
> しばらくして信号が切り替わり、私だけが道路をわたった。

２なぜボタンを押したのでしょうか。

■中学生のさりげない優しさに気づかせるための発問である。

・ただ単に、ボタンを押したかったから。
・道を譲ってくれたことに対して、ありがとうと思った。

３同じ場面に出会ったとき、あなたならボタンを押しますか。

■さりげないけどなかなかできない行為であることに気づかせる発問である。

「押す」「押さない」の数直線を黒板に提示し、気持ちが強ければより左右にネームプレートを置くよう指示をした。カードの分布状況は「押さない」方が多かった。

「押さないという人が多いですね。いろいろな考えを聞くために、4人班を作り、そう判断した理由を説明しなさい。班員全員、発表します」と指示をし、班活動の時間をとった後に、数名の考えを発表させた。

・気づいても、何も行動を起こせないと思う。
・ごめんなさいと思いながら、お辞儀をして走っていく。
・ボタンを押したいけど、おいていかれたくはないし……。
・いろんな考えがあることがわかった。

第3章　いじめやネットトラブル等規範意識　－他者とのつながり－

・この中学生はボタンを押した。そこに，この中学生がもつ思いやりを感じた。

思いやりという言葉が出たので「ボタンを押したことのどこに思いやりを感じたのですか」とたずねると，「多くのことを心で感じとれて，行動できたから」とその生徒は説明を加えた。

❹この話はタイトルが空欄でしたが，どんなタイトルをつけますか。
■資料からの学びをまとめるための発問である。
・譲ってくれてありがとう
・押しボタンを押す優しさ
・驚きの押しボタン

「私はこの資料に『すれちがいざまの優しさ』というタイトルをつけたいです」と説明した。

「今日はもう一つ，話があります。その話に関係しているものがこれです」と言ってビブスを提示した。生徒からすぐ「ビブス」と答えが返ってきた。

「これに見覚えがありませんか。そうです。これはサッカー部で使われているものです。ある日，学校に次のようなメールが届きました」

　○丁目にあります○○○と申します。11月2日に私どもの駐車場に停めてありました車に青のユニフォームが掛けてありました。
　　　○○中　サッカー部　10番
と書いてあります。たぶん生徒さんが落としていかれたのを，通りがかりの方が車に掛けていかれたものと思われます。
　受付にてお預かりしてあります。

「それで連絡を取って，このビブスを受け取ることができたのです」と説明した。

❺どうしてビブスは無事に戻ってきたのでしょうか。
■優しい心がつながるからこそ起きた心温まる出来事であることに気づかせるための発問である。
・拾った人が優しかったから。
・メールで連絡してくれたから。
・思いやりがつながったから。

「何と何がつながったのかな」とたずねると，「拾った人の思いやりと，連絡してくれた人の思いやりがつながったから」とその生徒は説明した。

「最初の自転車の話は，実話をもとにした話なのです。実は，登場していた『私』は，私なのです。実際は，車に乗っていた私と，自転車に乗っていた中学生との間にあった出来事でしたが，それをもとに資料にしました」と説明した。授業の感想のなかには，このことに感動したという感想もあった。

「ボタンを押した中学生からの手紙を紹介します」と言って，資料2の手紙を読んだ。道を譲ってくれた運転手が困っているのを見て，部活動の先生から言われている言葉を思い出し，今，自分ができることは横断歩道のボタンを押すことだと気づいて押したという内容である。

「これまでの自分を振り返りながら，考えたことや思ったことを書きましょう」と言って，授業の感想を書かせた。

最後に「毎月，ＫＩＺＵＮＡアンケートをしていますよね。いちばん最初にある質問は『この1カ月の間に，よいこと，心温まる出来事があったら，どんな小さな事でもいいので，下の欄に書いてください』でした。これからのＫＩＺＵＮＡアンケートで，みなさんがどのように　感じるのかを楽しみにしています」と言って，小さな優しさや思いやりに気づくようになってほしいと願って授業を終えた。

資料

●資料1 「　　　　　　　　　　　　　　　」

　自転車に乗った私は、普段出かけたことがないような遠いところまで行ってみようかと考えながらペダルをこいでいた。ペダルをこぐたびに頬に寒さを感じるものの、春の風が心地よく、自転車で走るには気持ちのよい季節である。

　私は住宅街の細い道を、のんびりと走っていた。生け垣の木々からは薄緑色の新芽が顔をのぞかせており、水たまりには散ってしまった桜の花びらが揺れているところもあった。また、ブロック塀の上では、太陽の光を浴びて気持ちよさそうに寝ている猫の姿も見られた。

　そんなのんびりした雰囲気が、少しずつ騒がしくなってきた。交通量の多い大通りが近づいてきたからだ。行き交う車の音が大きく聞こえてきた。大通りには、ひっきりなしに車が行き来しているようだ。

　住宅街の細い道から大通りへ出る直前で、私はブレーキをかけた。この先の出口がとても危ないからだ。この交差点では、自転車や歩行者とぶつかってしまう事故がたびたび起きている。その原因は、大通りに面した歩道がとてもせまいことも考えられる。大通りと並行に歩道はあるが、幅がとてもせまく、自転車などがすれ違う際には、お互いにとても気をつけないといけないほどである。

　歩道に出るために出口付近に止まった私は、歩道の右側を見た。歩道の先がカーブになっていてわかりにくいが、今のところ、誰も来ていない。その後、歩道の左側を見た。こちら側は遠くまで見通すことができる。歩いている人が遠くに見えたので、自転車を進めても安全だ。私はもう一度右側の歩道を見て、誰も来ていないことを確認してペダルを進めた。ペダルを軽くひとこぎした後にブレーキをかけて自転車を止めた。その後、ハンドルから手を離して押しボタンを押そうとしたときに、右側からこちらに向かって勢いよくやって来る自転車の集団が目に入ってきた。そこで私は、自転車に乗ったまま、あわてて後ろに下がろうとしたら……。

●資料2　押しボタンを押した中学生からの手紙

　夏休みの部活の練習中に私は体調を崩して、その日の途中で帰ることにしました。夏休みということで家には誰もいなかったため、自転車で帰ることにしました。そして家に帰るとき、あるお店から1台の車が出てきました。なので私は一時停止していました。しかし車を運転していた方が笑顔で「先にどうぞ」と手を出してくれました。なので私も笑顔で一礼して通り過ぎようとしました。けれどその車はこっち側の車線から反対側の車線へ行きたいようでなかなか車が途切れず困っていました。

　そのとき、所属しているバスケ部の先生からいつも言われている「ミスした後、何かしてもらった後、その後が大切だ」という言葉を思い出して「あっ。このことかな」と思い「今、私ができることは……」と思い、あたりを見回すと横断歩道のボタンがあったので、そのボタンを押して車が反対車線へ去って行くのを見送り、「これでよかったかな……」と思い、家に帰りました。

　次の日の部活のとき、生徒指導の先生が体育館に来られて、私がやった出来事で車の運転手さんから学校に電話があり、とても喜んでいたという話を聞いて、とても心が穏やかになりました。自分がしたささいなことで喜んでくださる人がいることに感動しました。このことをきっかけに、ささいなことをすることが本当の礼儀ということも学べました。このことを学ばせてくださった車の運転手さんに感謝したいです。ありがとうございました。

（熊本県　稗島　敏）

第3章 いじめやネットトラブル等規範意識 ー他者とのつながりー

1年
2年
3年

自己肯定感を育てる
6. 太川陽介さんの仕切り術とは

感動	★☆☆
驚き	★★☆
新たな知恵	★★☆
振り返り	★★★

CD-ROM
3-6
授業用
パワーポイント

　中学生にとって、昔以上に大変難しくなったものは人間関係です。特に情報端末を持てば、学校から帰ってきても何時間でも人間関係に縛られてしまいます。しかも、気にしてしまう発言などを見ては、いちいち「心が折れる」という生徒が今後増加していくのではないでしょうか。人間関係に悩んだときの対処法を改めて確認させたい。そう願って創った授業です。

『ルイルイ仕切り術』
太川陽介（小学館）
で授業づくり！

◀資料の概要▶
　人気テレビ番組『ローカル路線バス乗り継ぎの旅』の頼れるリーダー太川陽介さん。超ワガママなパートナー、蛭子さんのとんでもない意見や希望、そしてグチに誠実に対応する太川さんの対処法は、誰もが身につけたい「対応力」。それは人間関係で悩みやすい、今時の中学生にも相通じるものである。

◀授業づくりのアドバイス▶
■1 資料をこう生かす！…太川さんが蛭子さんに抱く感情は、中学生にも十分起きやすい感情なので、太川さんが示す対処法の一つひとつを、今までの自分とこれからの自分の視点で考えさせる。しかも、その「3つの手法」は、アサーション（自己表現）の学習でもよく取り上げられるものである。
■2 授業構成や発問をこう工夫する！…かかわり合いを取り入れた授業にする。「3つの手法」は、ペアトークで考えさせて気軽に話し合わせる。それを基盤に「3つの手法」を受け入れたい順に並べて、4人班で発表させ合う。発問は、グループで話し合わせることで答えやすくなるので、自分を振り返って考えさせるようストレートに出す。

◀授業構成▶

0	8	14	18	28	38	48 50（分）
●発問● 班行動での注意点は？	●説明● 資料（番組）の説明	●発問● どんなことに立腹？	●資料→発問● 『ルイルイ仕切り術』の3つのエピソードで3回振り返らせる。	●主発問● 3つの手法、やっていきたい順は？	●発問● それでもうまくいかない場合は？	●範● ルイルイ仕切り術

ねらい

「つきあいにくい人」との交流のあり方を考えることを通して，望ましい人間関係に必要なことを考える。　　B［相互理解，寛容］

準備

・テレビ番組『ローカル路線バス乗り継ぎの旅』の映像。
　※DVDも販売されている。また，番組ウェブサイトでも可。
・資料「エピソード1～3」（84ページに掲載）

授業の実際（2年で実施）

来月修学旅行で関西を訪れる。そのうちの1日，4～6人の班で京都市内を自主行動する。そこで，自分の班がどういう順で名所を回るか各班の1人に発表させ，最初の発問をした。

■1 班の人が快適に行動できるには，お互いにどのようなことに気をつけなくてはならないでしょう。

■身近にある活動の集団行動で大切なことを考えさせる発問である。

4人が発表し，板書した。
・協力し合う。　　・健康管理をしておく。
・計画を勝手に変えない。　・時間を守る。

「そうですね。たくさんのことに気をつけないといけないですね。協力し合うことが挙げられました。その点でとてもヒントになるテレビ番組があります」と言って，『ローカル路線バス乗り継ぎの旅』のDVDを視聴させた。

番組冒頭を見せ，リーダーの太川陽介さん，同行の蛭子能収さん，

> 太川陽介&蛭子能収に，毎回ゲスト（マドンナ）を1名加えた3人が，3泊4日の日程内に日本国内の路線バスを乗り継いで，目的地への到達を目指す旅です。一般的な旅番組とは趣が異なり，目的地に到達することが"最優先事項"。3人は観光を楽しむことよりも，時間に追われながら地図や時刻表と格闘し，行き当たりばったりのルートでいかに先に進めるかに挑戦します。

移動は原則としてローカル路線バスのみを使用。
高速バス，タクシー，鉄道，飛行機，船，自動車，ヒッチハイクなど，他の交通機関の利用は禁止！

目的地へ向かうルートは自分たちで決める。
情報収集でインターネットを利用することは禁止！
紙の地図や時刻表，案内所や地元の人からの情報のみ使用OK。

3泊4日で指定の目的地にゴールすること。
旅はすべてガチンコ。
ルートだけでなく，撮影交渉も自分たちで行う。

（テレビ東京『ローカル路線バス乗り継ぎの旅』ウェブサイト
http://www.tv-tokyo.co.jp/rosenbus/ より引用）

そして女性ゲストのマドンナが紹介され，旅が始まるところまで視聴させた。

番組ウェブサイトに掲載されている旅の内容とルールの4枚のスライドを提示しながら説明した。

「今日の授業はリーダーの太川陽介さんの著書を元につくっています。本の中でも『本当にヤラセは一切ない』と書いてあります」と補足した。

「リーダーの太川さんは，番組の中で同行する蛭子さんに，イライラすることがあることを，著書『ルイルイ仕切り術』の中で訴えています」と言って，次の発問をした。

■2 太川さんは，蛭子さんに対してどんなことで立腹するのでしょうか。

■資料への興味関心を高める発問である。

列指名で3人に当てて答えさせた。
・わがまま。　・協力してくれない。
・自分勝手な行動をとる。

「それではリーダーの太川さんがカチンとするエピソード1，2，3を見ていきましょう」と説明し，資料「エピソード1」を配付して範読した。

> **エピソード1の概要**
> 太川さんが番組を盛り上げようとしても蛭子さんは「あっ，そ」としか返さない。そこで本人にアドバイスをした。2人だけになって話すことの大切さについてもふれる。（太川陽介『ルイルイ仕切り術』小学館）

「1　アドバイスをする。人前では言わない」と板書をした。

内容を確認するため「なぜ，人前ではあまり言わないようにしていたのかな」とたずね，その効果についてふれている，相手への配慮を記

第3章　いじめやネットトラブル等規範意識　－他者とのつながり－

した内容を確認した。

❸自分を振り返って，太川さんと同じようにしていましたか。これからそうしたいと思いますか。
■エピソード1の太川さんの対処法を，自分に照らし合わせる発問である。
となり同士で話し合わせた。
・良い方法だと思うが，なかなかできない。
・親友だと思う人にはしている。

続いて，資料「エピソード2」を配付して範読した。

> エピソード2の概要
> 　蛭子さんはいつも悲観的なことを言うがそれも個性。そういう個性の人なんだとあきらめる。
> 　　　　　　　　　　　　　　　（前掲書）

「2　あきらめて，大きな心で受け入れる」と板書をした。

❹自分を振り返って，太川さんと同じようにしていましたか。これからそうしたいと思いますか。
■エピソード2の太川さんの対処法を，自分に照らし合わせる発問である。
これもとなり同士で話し合わせた。
・相手の押しが強ければそうしていた。
・短気なのですぐムッとしてしまう。

続いて，資料「エピソード3」を配付して範読した。

> エピソード3の概要
> 　蛭子さんからひどいことを言われたときは，人前でも怒った。そうでもしないとやっていけない。
> 　　　　　　　　　　　　　　　（前掲書）

「3　ひどすぎる暴言のときはその場でも怒る」と板書をした。

❺自分を振り返って，太川さんと同じようにしていましたか。これからそうしたいと思いますか。
■エピソード3の太川さんの対処法を，自分に照らし合わせる発問である。
これもとなり同士で話し合わせた。
・あとで少し仕返しをしていた。
・そうしないと，相手はつけ込んでくるので怒った方がよい。

❻以上3つの方法について，自分がやっていきたい順に並べなさい。
■自己をより深く見つめさせる発問である。
ワークシートに順番を書かせた。4人班を作り，1人ずつ「こういう順番にしました。なぜなら～」という形で発表させた。時間は合わせて8分ほどとった。そのほかにも対処法があれば，それを加えてもよいと補足した。
次のような説明が多く出ていた。

> 「1のアドバイス」がいちばん良い。難しそうな相手だったら「2のあきらめる」。できるだけ「3の怒る」は避けたい。

❼それでも怒りが収まらないときは，どうすればよいでしょう。
■自分に照らし合わせる発問である。
挙手した生徒が2人いたので発表させた。
・物に当たる。
・他のことに集中して忘れる。

「なるほど，2人とも，相手に対してどうこうするというのではないですね。太川さんも同じことを言っています」と言い，次を板書した。

> 唯一の手段は，（　　　　）のみです。

「番組を降りる」とつぶやいた生徒がいた。「たしかにやめてしまえば気を煩うこともないでしょう。この本で太川さんは，『唯一の手段は，時間をかけることのみ』で，ただただ時間の経過を待って，怒りを鎮めると言っています」と説明し，「時間」を書き加え，掲載書145ページの4行～146ページの3行を範読した。「どういう意味かな」と言うと，1人の生徒が「時間がたてば，いやな思いをしても忘れられるよということ」と発言したところで授業を終えた。

資料

●エピソード１

　一回，ボクたちの予定したバスルートを台風が直撃しそうな時があったんですよ（編集部注：「第7弾青森駅～新潟・萬代橋」2010年9月4日放映）。そうなると，もう路線バスが動かなくなるかもしれない。ゴールまでたどりつけない暗雲が立ち込めているわけです。
　でも番組的には，その絶体絶命なシチュエーションというのも，間違いなくおもしろいんですよね。ボクもそれはわかってましたから，ちょっと大げさに心配して番組を盛り上げようとしたんです。
　「蛭子さん！　台風が来たらこれは本当にピンチだよ」
　そういったボクに蛭子さん，一体なんていったと思います。
　「あっ，そ」
　その一言ですよ。その無関心ぶりにはさすがにビックリしましたけど，気を取り直してもう一度蛭子さんにいったんです。
　「ほら，台風が来たらバスが止まっちゃうかもしれないよ」
　そうしたら蛭子さん，
　「あ，そうね」
　ですって。これにはさすがにカチンときましたね。こっちが番組のことを考えて振っているのに，まったくノッてこない。〔中略〕
　この時ばかりはボクも蛭子さんにアドバイスしましたね。
　「ああいう時は，ちゃんと番組のことを考えてノッてこないとダメですよ」
　って。もう子供をあやすような感じで話すんですけどね。
　ただ，そういう時も人前ではあまりいわないようにしてるんです。

(太川陽介『ルイルイ仕切り術』小学館)

●エピソード２

　とにかくボクは次のバス停に行ってみなきゃわからないから，行ってみようって提案すると，
　「行って次がなかったらどうすんですかぁ～？」
　なんて前向きじゃないこというし，なにかというと，
　「もう乗り継げないんじゃないのぉ～？」
　なんて悲観的なことばっかりいうんですよ。
　それでボクのイライラも頂点に達するのが，3日目だったんですね。
　でも蛭子さんにイライラしている自分が嫌になってしまったんですね。
　それに蛭子さんにイライラしているボクと一緒に旅をしなければいけないマドンナにも申し訳ないな，と思いましたし。

　だいたい考えてみれば，悲観的だろうと前向きじゃないことをいおうと，それが蛭子さんの個性なんですから。あの個性がなければ蛭子さんじゃないんですから。
　みなさんも，時にはどうしようもなくイライラする人と出会うことがあると思うんです。
　そういう時は潔くあきらめる。あきらめて，そういう個性の人なんだ，と大きな心で受け入れる。
　そしたら，最近は本当にあまりイライラしなくなったんです。

(前掲書)

●エピソード３

　ついこの間のロケでも，ボクがズッーと地図を見ていたら，マドンナが，
　「太川さんはずっと地図を見てるんですね」
　っていったんです。そうしたら蛭子さん，なんていったと思います。
　「あ，太川さんは心配性だから」
　オレを一番心配させてるのは，一体どこのどいつだあああ！！
　これまたカチンときましたね。ここまで暴言を吐いた時は，もう人前で怒ることにしました。そこまで人をカチンとさせるような暴言をいえる人は，人前で怒られて傷つくようなナイーブな精神は持っていません。そしてボク的には，そうやって怒っている自分を楽しむようにしてるんです。わざと怒り方をデフォルメして，テレビ的にしたり。そうでもしなければやっていけません。

(前掲書)

(熊本県　桃﨑剛寿)

第3章 いじめやネットトラブル等規範意識 －他者とのつながり－

1年	叱られるありがたさ
2年	**7. 叱る＝温かさ**
3年	

感動 ★★☆
驚き ★☆☆
新たな知恵 ★★☆
振り返り ★★☆

CD-ROM
3-7
授業用
パワーポイント

　叱られることを，嫌う生徒がふえてきています。たしかに，叱られるよりほめられた方が，誰でも気分がいいものです。とくに，中学校の時期は，少し怒られただけでも，すべてを否定されたかのように思いがちです。そこで，叱られ，それを素直に受け止める気持ちが相手との絆を深められることを学ばせたいと思い，この授業を考えました。

『叱られる力』 阿川佐和子（文春新書） **で授業づくり！**

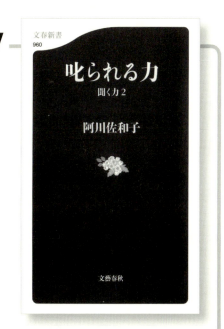

◀資料の概要▶
　いかに部下を叱りにくいか，若い社員が叱られ弱いか，について聞かされる機会が何度もあった阿川佐和子さん。ご自身の怒鳴られ続けた経験を振り返りながら，「叱る」「叱られる」も結局は「聞く」ことにつながる大事なコミュニケーションであると説き，「叱る覚悟」「叱られる勇気」について示唆を与えてくれる。

◀授業づくりのアドバイス▶
1 資料をこう生かす！…「叱られる」ことは中学生にとっては非常に身につまされる課題である。そこでマンガ『サザエさん』の波平さんや大人の職場を題材にして，意見を出しやすくすることで思考しやすくする。
2 授業構成や発問をこう工夫する！…前半の資料として波平さんを使うことで，「叱られること」への抵抗感を少なくした。後半の阿川さんの考えを受け入れやすくなると考えた。

◀授業構成▶

0	3	11	17	20	22	32	34	40	42	46	50(分)
●発問● 理想の父親とは？（導入）	●資料● （新聞記事）「波平さん」	●発問● どんなところが理想の父親？	●発問● 演じた人は誰？	●資料● 叱られる力	●発問● なぜ叱る父が理想？	●資料● 叱られる力	●発問● 叱られなくなるのをなぜ怖れる？	●資料● 叱られる力	●発問● 叱る方の覚悟は？	●発問● 叱ってくれた人に何て言う？

85

ねらい

叱るという行為のなかに温かさを感じ取り、素直な気持ちや感謝の気持ちをもてるようにする。　　　　B［思いやり，感謝］

準備

・磯野波平さん，永井一郎さん，阿川佐和子さんの写真画像
・『叱られる力』

授業の実際（3年で実施）

「新聞に次のように紹介された人がいます。かっこの中はまず伏せておきます」と言って，次の言葉を黒板に板書した。

> 「理想の父親」を45年間，
> 渋くも温かい（　　　）演じ続けた。

1 演じられたという「理想の父親」とは誰でしょう。

■長い間変わらず、理想の父親として多くの人に受け入れられた父親像に出会わせる発問である。

「実在する人ですか」「わからない」「映画の人ですか」「マンガですか」「高倉健さん」「かっこの中は何ですか」という言葉があちこちから出た。一つひとつ答えたが、なかなかわからないようだったので、「かっこの中は、『声で』が入ります」と説明した。

「つまり、ある声優さんが45年間も演じ続けたのです」と説明した。すると、「『サザエさん』の波平さん」いう声があがった。そこで、パワーポイントで、『サザエさん』の磯野波平さんのマンガを提示した。生徒は一同「あぁー」という声をあげて、教室は「なるほどね」という雰囲気に包まれた。

『サザエさん』をよく知らない、またはあまり最近見ていない生徒もいるかもしれないので、前日に録画した、波平さんの登場が比較的多く、カツオくんを「バカモーン」と叱るシーンがある話を選んで、7分ほど視聴をさせた。

2 波平さんのどんなところが「理想の父親」と思われるのでしょうか。

■愛情をもって叱ってくれる良さに焦点を当てていく発問である。

となりの席同士で話し合い、列指名した。
・人情があるところ。
・温かい感じがするところ。
・怒ってもさっぱりしている。
・怒られても、きらいになれない。
・ねちねちしていない。

「そうですね。新聞には、『子どもを叱る理想の父』という見出しがついていました。そして、次のように記されていました」と言って、黒板に板書し、説明した。

> 子どもと正面から向き合い、常識に反することはピシャリと叱る。

3 この磯野波平さんの声を、45年間演じ続けた人を知っていますか。

■永井一郎さんに出会わせ、叱ることの意義へと誘う発問である。

「永井一郎さん」と知っている生徒が答えた。そこで永井一郎さんの写真を大きく提示した。「1969（昭和44）年10月、テレビの『サザエさん』が始まり、それから45年間も磯野波平役を演じました。このほかに演じたアニメ『ゲゲゲの鬼太郎』の子泣き爺、映画『スター・ウォーズ』のヨーダ、『ハリー・ポッター』の魔法学校校長なども演じられました。そして2014年1月27日に亡くなられました」と説明した。

「永井さんは自著の『朗読のススメ』の中で、『私はいつのまにか、「どんな時代にも通用する人間」としての波平を表現するようになっていました。どんな時代にも通用する父親像、それは理想の父親像ということになります』と述べています。彼が演じた理想の父親像が『子どもと正面から向き合い、常識に

第3章 いじめやネットトラブル等規範意識 －他者とのつながり－

反することはピシャリと叱る』と評されたのですね」と説明した。

4 叱られるのはだれでもいやなものです。なぜ，叱る父親が理想の父親なのでしょう。

■叱る行為の裏にある相手を思う深く真剣な気持ちに気づかせる発問である。

個人で3分間ほど考え，書かせた後，4人の班を作り，「この意見は他の班ではあまりないのではという考えを選びなさい」と指示をした。

- その子がダメにならないように叱るから。
- 叱らない親が増えすぎているから。
- 遠慮しないで関わっていこうとする気持ちの表れだから。
- 反省してよくなるようにだと思う。叱る気持ちはわかるけど，怒鳴られるよりほめてほしいな。
- 怒鳴り続けてくれるから。

「怒鳴り続けてくれるから」という考えを受け，「怒鳴り続けてくれることが，なぜ理想なのか」問い返した。「怒鳴り続けるから」という生徒の考えに焦点を当てることで，さらに叱る意味に迫れると考えた。すると，「だって，その人のことをあきらめないってことだと思うから」とその生徒は説明した。一瞬，教室の空気が変わった。

「親に上司に怒鳴られ続けて60年，こんな人もいるんですね」と言って，阿川佐和子さんの写真を大きく提示した。「テレビでよく見ます」と知っている生徒が多い。「阿川さんの著書『叱られる力』のテーマは，『叱る』です。そのなかで，次のように述べています」といって，88ページの資料1を大きく提示した。

5 なぜ，阿川さんは誰も叱ってくれなくなる瞬間を怖れるのでしょう。

■怒られなくなるとどうなるのかを想像させる発問である。

- 怒られないと，なんかだらしなくなるから。
- えらそうになるから。
- わがままになるから。

「このことについて阿川さんはこう考えているそうです」といって，資料2（88ページに掲載）を配付し，範読した。叱られる人がいることで自制心がはたらくのではと述べている。

「また，阿川さんは，叱る方にも覚悟がいると言っています」と言って，次の発問をした。

6 叱る方には，どんな覚悟がいると思いますか。

■怒ってくれる人の覚悟を考える発問である。

- 嫌われるかもしれないという覚悟。
- 友だちをなくすかもしれないという覚悟。
- 逆ギレされないかという不安もある。
- 聞いてくれなかったらどうしよう，恥ずかしいという思いもある。
- 人間関係を悪くしそうで怖い。
- 仕返しされそう。

「阿川さんの知り合いの社長さんが，社内のベテラン社員の悩みとして後輩を叱れないことをあげているそうです」と言って，資料3（88ページに掲載）を配付し，範読した。

7 あなたは，叱ってくれた人に何と言いたいですか。

■怒ってくれた人の思いを受け止める気持ちを育てる発問である。

ひとり発表ができた。ワークシートには次のような意見があった。

- 「ありがとう」と言いたい。
- 相手が親だと素直に言えないかもしれないけど，ちゃんと聞きたいと思う。
- そのときは，「ありがとう」と言えないかもしれないけど，素直に聞きたい。
- 相手の善意が少しでもあれば感謝の気持ちをもつようにしたい。
- 叱る言葉の裏にあるものをしっかり受け止めたい。

●資料1

　人は歳を重ねるにつれ、叱ってくれる年長の人を一人ずつ失っていきます。そしていつか、誰も自分を叱ってくれなくなるときが来る。その瞬間を迎えることを私は怖れます。

(阿川佐和子『叱られる力』文春新書)

●資料2

　本来のわがままな性格が野放図に現れて抑えが利かなくなり、なんだ、いい人だと思っていたのに、こんな嫌なヤツだったかと周囲に幻滅の目を向けられる。そうなりたくないと思います。〔中略〕

　幼い頃、広島の伯母によく言われたのは、
「そんなわがまま言ったら、トンビにさらわれますよ」

　私は上空高く旋回するトンビが怖くてしかたなかったのを思い出します。自分には怖れるものがある。そのことが、なんとか自らを抑制してくれると思うのです。父に叱られるのは煩わしいことだし、言い返したい理屈もこちらにはあります。でも、「怖くて煩わしい」存在がいるからこそ、私はどうにかこうにか人に信頼されたり仕事を継続できたり、ずるいことやいい加減なことをしそうになったときに自制心が働くのではないかとも思うのです。

(前掲書)

●資料3

「電話が鳴ったら、ぐずぐずしてないで、すぐに出なさいね！」
「そんなことをメールで送ったら失礼でしょう」
「お客様がいらしたら、すぐにお茶を出しなさい」

　そんなふうに叱りたい。叱りつけたいと思うのだけれど、いざとなると、さて、どういう言葉と、どのタイミングで叱ればいいのかわからない。迷っているうちに、つい見過ごすことになる。なぜ逡巡するかといえば、下手に叱りつけて部下が過度に落ち込んだら却って面倒だ、出社したばかりの時間に叱るのもどうかな、今、彼はコーヒーを飲んでいるから後にしようかな、などと気を回してしまうからです。そうこうしているうちに自分の仕事が忙しくなったりタイミングを逃したり、ま、次回、目撃したときにするかと諦めたりして、とうとう叱れないまま時は過ぎていくというのです。いっぽうの部下にしてみれば、何も注意されないのだからこれでいいんだと思い、改善しない。叱られないのだからちゃんと仕事をしていると自ら納得し、こちらもそのまま時は過ぎていく。

(前掲書)

(山形県　佐藤朋子)

第3章 いじめやネットトラブル等規範意識 －他者とのつながり－

1年
2年
3年

ストッパーになれ！
8. 万引きについて考える

感　動	★★☆
驚　き	★☆☆
新たな知恵	★☆☆
振り返り	★★★

CD-ROM
3-8
授業用
パワーポイント

多感な中学生が犯罪に手を染める前に、どれだけ彼らの心を耕せるかが我々中学教師に求められている仕事の一つです。彼らのストッパーの一つに我々中学校教師がいたら幸せだ――そう願って、この授業を創りました。

万引きにまつわる対照的な2つの資料
自作資料
で授業づくり！

◀資料の概要▶
　2つの資料は自作資料である。資料1は、万引きをしても警察や店に見つからずにいるAさんの話。資料2は、初めて万引きをし、店の人に捕まり、警察に通報されたBさんの話である。対照的であり、犯罪行為がなぜいけないのかを考えさせる資料である。

◀授業づくりのアドバイス▶
1. 資料をこう生かす！…低い徳として「罰せられないならば……」という気持ちが生徒の心の根底に少なからずあるだろう。そのようなリアリティに背を向けずに考えさせられるような世界に生徒を引き込む。
2. 授業構成や発問をこう工夫する！…何が本当に幸せなのかを考えさせるにあたり、はじめに、Aさん、Bさんの「幸せ」について考え、次に自分のこととして考えさせる。後半に親の立場から考えさせることでより切実に考えさせたい。

◀授業構成▶

0	4	8	18	33	38	40	42	45	50(分)
●資料● 万引きにまつわる2資料	●発問● Aさん、Bさんのどちらが幸せ？	●発問● 2人の10年後は？	●発問● 万引きしない心をもっているのはなぜ？	●発問● 見つからなくてもしない？	●資料● 25年後の話	●発問● 親してどうする？	●発問● どうしたら子どもは万引きしなくなる？	●感想●	

ねらい

万引きをしない心について考えさせることを通して、犯罪に手を染めてはならないという公徳心を育てる。　C［遵法精神、公徳心］

準備

・資料1「万引きをしても警察や店に見つからずにいるAさんの話」
・資料2「初めて万引きをし、店の人に捕まり警察に通報されたBさんの話」
※資料1、2とも92ページに掲載

授業の実際（3年で実施）

　授業参観のときにこの授業を行った。後半、親の立場で考えさせるので、その様子を保護者の方にぜひ見てほしいと思ったからである。
　資料1、2を配付し、黙読させた後に範読した。資料1は、万引きをしても警察や店に見つからずにいるAさんの話であり、資料2は初めて万引きをし、店の人に捕まり警察に通報されたBさんの話である。混同しないよう、資料にあるイラストを黒板に貼り、違いを再度確認した。
　「この2つの資料を読んで、どんなことを思いましたか」と初発の感想をたずねた。犯罪がからむ内容で、かたい雰囲気が出てしまうため、少しリラックスさせる意味もあった。生徒たちのなかには、この時点では万引きをしても見つからずにいるAさんの方がBさんよりも運がいいと思っている者もいるようで、「初めて万引きして警察に通報されるなんて厳しいな」などという声も聞こえた。
　ここで最初の発問をした。

❶AさんとBさん、どちらの方が幸せですか。
その理由も考えなさい。
■2つの資料を比較し資料の違いを理解させると同時に、万引きに手を染めない心について考えさせる発問である。

挙手させ、理由を数名が発表した。
【Aさん】…2人
・このまま一生、何をやっても見つからない人生かもしれない。
・Bさんがあまりに不幸だから、比較すると幸せ。

「幸せ？」と揺さぶると、「ラッキーという意味で……」と言った。「幸せ」という言葉がキーワードである。

【Bさん】…31人
・早く見つかったから、もう悪いことはしない。
・Aさんは大人になって犯罪をしたら罰せられてしまう。Bさんはまだ今のうちに更正できる。
・Aさんは悪いことを繰り返すうちに、本当に悪くなってしまう。
・Bさんは親のことを考える機会になった。

　やはり3年生だけあって、「Aさんの生き方が幸せ」とは言わないで、「正直なBさんの方が幸せだ」という理由を真剣に考えていた。
　板書した意見を指しながら、「最初の3人はこれからのことを危惧していますね。それでは具体的に、10年後で考えてみようか」と言って、次の発問をした。

❷2人の10年後はどうなると思いますか。
■万引きが本人にとって、よくないことをよりリアルに考えさせる発問である。
　2人について考えさせた。
【Aさん】
・このままうまく生きていくと思う。
・（いや、私は反対で）防犯ビデオ等ですぐばれると思う。
・歯止めがきかなくなって、もっと悪いことに手を染めるだろう。
・必ず天罰がくだるだろう。

「天罰って何？」とたずねると、「天の神様が与える罰」と言った。
【Bさん】
・今後まともな人生を送っていると思う。
・警察等、少年犯罪に関わる。

「それでは、自分自身のことを考えてみよ

第3章　いじめやネットトラブル等規範意識　－他者とのつながり－

うか。『欲しい物がない』という人はいないと思います。お店に行けば、『これ欲しいなあ』と思うことはあると思います。でも、みなさんは盗ったりしません」と言って、次の発問をした。

❸なぜ、みなさんは万引きをしない心をもっているのですか。
　■**万引きは許されないという自分の信念を確かめる発問である。**

　犯罪を促すような発問は危険である。そのため、発問の前に「みんなはそういうことはしない」と強調して問うた。
　ワークシートに記入後、全員起立をし、順に発表した。自分の考えと同じ意見がすべて出た生徒は座らせていった。
　それぞれ順に板書した。

　　ア　犯罪だから。
　　イ　自分はそういう人間ではないから。
　　ウ　Bさんのように警察に捕まるから。
　　エ　お店の人を苦しめるから。
　　オ　いつか天罰がくだされるから。
　　カ　許されないことは許されないから。
　　キ　親を悲しませたくないから。
　　ク　よい人間でありたいから。
　　ケ　自分が盗られたらいやだから。

　「ウとオを考えた人に聞きます。警察にも捕まらない、天罰もくだされないという保障があったら、万引きしてしまう人が出ても仕方ないかな」と突っ込んでたずねたら、2人とも「それでもいけない」と発言し、1人が「他の人が考えた7つの理由に納得する」と発言した。
　「たくさん理由を考えたよね。これらのなかでいちばん自分に近い考えはどれかな。近くの人と話し合ってください」と指示をした。言葉は違っても自分の価値を下げる行動をしたくないという気持ちや、自分のまわりの大切な人のことを語りはじめていた。
　罰があるからやらない、叱られるからやらないというレベルから、だめなことなのでやらないという、プライドのレベルで行動する

ことがかっこいいということを中学生のこのときに実感させておきたい。
　また、もう1つの視点として、親の思いにふれさせるため、次の学びをさせる。
　「今から25年後の話です。平成52年。君たちは結婚していて、中3の一人息子『良輝』の親です。会社で仕事をしていると突然、携帯電話が鳴りました。相手は家の近くのスーパーの店長です。店長は『お宅のお子さんがうちのスーパーでジュースとお菓子を万引きしたので、今、事務所で預かっています。警察にも連絡したので今からすぐにこちらに来てください』と言い、不機嫌そうに電話を切りました」と板書しながら説明して、次の発問をした。

❹親としてあなたはスーパーの事務所に行き、どういう行動をとりますか。
　■**親の気持ちを考えさせる発問である。**

　生徒たちはほとんど、「息子といっしょに店長さんに誠心誠意、謝る」と言っていたので、具体的にどんな言葉で店長さんに詫びるのか、どんな態度で、どんな声の大きさで、息子には何と言わせるのか等を2人ペアで交互に役割演技をさせた。
　「弁償します」と言っていた生徒に、ペアの相手が「弁償で済ませてほしいというように聞こえてしまうよ」などと意見を言い合っていた。

❺どうしたら子どもは本気で反省し、2度と万引きをしなくなると思いますか。
　■**一生懸命な親の気持ちを理解させる発問である。**

　・じっくり話をする。
　・暴力はいけないけど、殴ってでもわからせたい。

　以上のような意見が多いなか、ある生徒が「親が本気で悲しんでいる姿を思いっきり見せるしかないんじゃないかな……」とつぶやいた。クラスが静かになった。
　授業参観だったので、教室の後ろで見ていた保護者が20人ほどいたが、教室はシーンとして大きくうなずく母親や、涙を浮かべる母親もいた。

91

資料

●資料1　万引きをしても警察や店に見つからずにいるAさんの話

　Aさんは中学3年生。3年生になる前の春休みに，ある書店で「ほしいマンガ」の本を1冊，部活帰りのスポーツバッグに忍び込ませて店を出た。初めての万引きだったがあっけないほどうまくいった。これに味をしめ，本だけではなくコンビニなどで欲しいものを次々に万引するようになった。捕まりそうになっても，「外にいる高校生に取って来いと脅かされた」とうそをつけばいいと考えるようになっていた。堂々としていれば逆に見つかりにくいということも経験のなかで学んだ。もしも捕まったとしても，出来心で今回が初めての万引だということを反省した様子で話せば許してくれるだろうと，高をくくっている。最近では自分のお金を使って物を買うことがばからしく思えてきている。こんな生活がもう3カ月にもなる。

●資料2　初めて万引きをし，店の人に捕まり警察に通報されたBさんの話

　Bさんは中学3年生。部活動がなかったある日曜日に，家の近くの書店に行き，前から欲しかった本を見つけた。その本は1,200円する。持っているお金は850円。350円足りなかった。そのとき，Bさんの心に「取っても見つからないだろう」という気持ちが沸き起こり，その本を服の下に入れ，店を出た。その直後，「君！ ちょっと店の事務所まで来て」とBさんの肩に手をかける店の警備員の姿。頭の中が真っ白になった。店の事務所で店長が「取ったものをここに出しなさい」と厳しい顔でBさんに話しかけ，取った本を服の下から自分で取り出し，机の上に置いた。店長は「これは犯罪なので，警察に通報します」と言い，警察に電話をした。「君のお母さんにも連絡をするので，お母さんの携帯電話の番号を言いなさい」。Bさんは母親の携帯番号を店長に教えた。店長はその番号にゆっくりと電話をした。Bさんの頭の中にはお母さんの顔が浮かんでいた。その顔は……。

（群馬県　小林輝良）

私の道徳授業づくり
吉田綾子の場合

■ 中学校教諭歴（平成26年度末）　8校・30年。
■ 『中学校編とっておきの道徳授業』シリーズNo.1〜12　掲載の開発実践数7本
　【代表作】「あいさつは『型』―かたち―から」「エスカレーターは右？　左？」
　　　　　　（No.11）、「福山雅治さんの恩返しと恩送り」「『NG』≠『No Good』」
　　　　　　（No.12）
　　　　　　　　　　　　　　　　　　　　　　＊（　）内はシリーズNo.です。

　道徳授業を資料開発から始めるようになったきっかけは？

A　道徳に本気で取り組むようになったのは，同僚のひと言がきっかけ「体育の先生は部活忙しいから授業準備とか難しいよね〜。でも道徳とか精神論で語れるからいいよね」と。なんだかカチンときた。見返してやろうと「道徳のチカラ」のセミナーに参加して勉強を始め，そこで学び，自分で資料を開発する楽しさを知った。既成の資料とは違った生徒の反応や手ごたえを感じるようになった。授業後の生徒の「道徳の授業はおもしろかった」「楽しみだった」というひと言でさらにがんばるようになった（単純……）。

　道徳授業づくりで大切にしていることは？

A　市民ミュージカルを何度も体験し，作品作りのノウハウを学んだ。
（プロデューサー…総合監督，役者…教師，観客…生徒）
①プロデューサーとして組み立てる
　　監督として授業をいかに組み立てるか，観客（生徒）の満足を想像してどう作り上げるか考える。そして，作る過程を楽しむ。
②役者として演じる，楽しむ
　　まず自分が授業を楽しむ。自分の生き方，考え方を道徳の授業の中で反映させる。
③観客が楽しむ
　　観客（生徒）の反応を楽しむ。真剣に考えた，悩んだ表情を見る。
　　「道徳」と「ミュージカル」は通じるものがあるので，この作り方を心がけている。

吉田流！　道徳授業づくりの手順

1 【見つける】…「生徒の課題を見つける」

　生徒は何が満たされていて，何が満たされていないのか？　何を自覚して何を自覚していないのか？　何が課題で何を継続していくべきなのか？　ということを常日頃から観察する。意識して観察していると，だんだんと生徒の友人関係や言動が見えてくる。今，目の前の生徒に必要な力は何か？　どんな「生きる力」をつけてやればいいのか？　これをいつも考えることが出発点ではないだろうか。

　保護者の願い，保護者への課題なども視野に入れて観察するよう心がけている。

▼

2 【集める①】…「教材を見つける」

　道徳の引用資料は本からが多い。まず目次を見る。目次を見て何かおもしろそうだ，使えそうだと思ったところを立ち読みする。そのなかで1行でも2行でも「おっ，これは使える」と思ったら購入する。本のタイトルを見るだけでも，そのタイトルに込められた作者の意図が伝わることがある。本は人から借りず自分で買う。身銭を切らないと大切にしない。だから暇があればアマゾンを検索し，古本屋をウロウロしている。アンテナを張っておくと帰りには必ず5冊くらいの本が手元にある。最近は絵本の中からいい素材を見つけることが多い。

　おかげで家の中はさながらミニライブラリー。一部しか読んでない本は山ほどだけど。

▼

3 【集める②】…「メディアを利用する」

　テレビ番組の中から得る資料も多い。朝からまずテレビ欄を見る。そしてタイトルで判断する。自分の教科・道徳に関係しているのでは？　と思うものは即予約する。内容を見て削除したり編集したりする。5〜10

分程度にまとめれば授業でも使える。新聞のコラム欄も目を通すようにしている。街に貼ってあるポスター等も心がけて見るようになった。
　DVDプレーヤーは私が録画した番組がほとんどで家族からは残量が少ないと不満が……。

4 【組み立てる①】…「資料を使って授業を作りながら考える」

　「ねらい」…生徒にどういう力をつけてほしいか，この資料，教材で何を感じ取ってほしいのか考える。私は直感型の人間なので直感でこの資料は使えるか？　展開を進めていくにはどんな資料がプラスされたらより理解が深まるか？　などを考え，今までストックしている資料等を探し加えていく。一つでは50分もたないと思われる資料もいくつかを合わせたり写真等を加えたりすることで，導入や展開がさらに深まっていく。授業では生徒が資料に入り込みやすいように，大げさに声のトーンを変えたり身振り手振りしたりして演技する。
　映像に慣れた生徒には，やはり実際に視覚に訴えたほうが伝わりやすい。

5 【組み立てる②】…「中学生という発達段階を考える」

　中学生は1年生と3年生では感じ方，考え方，同じような発問に対する答えも大きく違うことがある。説明も学年に合った"理解できるもの"でなければならない。1年生にはわりとストレートな表現でかみくだいて発問することが多い。3年生は手を挙げて発表することが難しくなってくるので，まず書かせる。しかし，それを読ませるだけの授業にはしたくないので生徒の言葉に耳を傾け，しっかり聞く。加えて3年生はあまりしつこく聞くと本音が出てこなくなるので注意がいる。
　昨年度は同じ教材でも発問を変えながら1年と3年に授業をした。

吉田流！　道徳授業づくりの手順

6 【組み立てる③】…「授業途中での修正」

　私は授業中しゃべりすぎるのがなかなか改善できない。しかし，生徒に対して直接的な発問以外の"ちょっかい"を出すことで，そこが出発点となり，生徒からつぶやきが出てくることがある。そのつぶやきをすぐ全体に広げることで，つぶやきが活発になり，何か言いたそうな表情をしたり，うなずいたりする生徒が出てくる。授業の内容を多少修正しても，そのつぶやきや表情を大事にしている。

　携帯で自分の授業を録音している。それを聞くと毎回落ち込むが，反省，反省……。

▼

7 【まとめる】…「終末を考える」

　この資料は教え込まなければならないものなのか？　考えさせて終わるものなのか？　投げかけて感想で生徒の意見をつかむか？　後日聞くことがいいのか？などいろんなパターンを考える。そしてそれが最終的にねらいに即しているのか考える。よく「道徳は価値の押しつけになってはいけない」といわれるが，内容によっては押しつけＯＫでもいいかもしれないと思っている。例えば，いじめ・人権に関する授業では教師の"思い"や"願い"をきちんと伝えていくことが大切だと感じているからである。

　終末のもっていき方についてはまだまだ悩むことが多く，試行錯誤中……。

▼

8 【生徒の評価】…「もう一度修正…生徒の発言を大切にする」

　一度行った授業を何回もすることは少ないが，他学年や他学級にするときのために見直し，授業中に生徒が発言したことや表情から受けた印象を忘れないうちにメモに残す。予想外の生徒の発言がなぜ出たのか？を同じ資料で展開（発問）を変えて考えてみる。

　授業後の資料は真っ赤。感想もスキャンしてとり，すぐに見直している。

第4章

自己肯定感
ー内面とのつながりー

日本の中学生は自己肯定感が低いという。
奥ゆかしい日本人だからこそ,大多数の中学生は
アンケートで聞かれたら,そう答えていると私は思っている。
しかし,なかには,厳しい環境の中で,本当に低い生徒もいる。
そういう意味で,学校教育の中で自己肯定感を育てることは重要だ。
「安心していいよ。あなたはかけがえのない存在です」
このメッセージがじんわりと伝わる5本の授業がここにある。

1. たいせつな　きみ
2. ひびわれ壺
3. 「NG」≠「No Good」
4. 本気で生きる
5. 高倉健を支えた人

第4章 自己肯定感
―内面とのつながり―

● 授業のポイント

　「たいせつな　きみ」は，他者からの評価に必要以上にとらわれていないか，そこから外れるとずいぶん楽になるよという絵本に学ぶ授業である。
　「ひびわれ壺」は，欠点は悪いことばかりでないということをお話の中で伝えていく。
　「『NG』≠『No Good』」は，ダウンタウン松本人志さんのお兄さん，松本隆博さんのとらえ方で，「never give up」ととらえている。
　また，「本気で生きる」は，我武者羅應援團の熱すぎる応援。今の自分を否定することなく，前向きにがんばれというメッセージである。
　「高倉健を支えた人」は，健さんがお母さんに認められたくてがんばれたというエッセイから，認められ自己肯定感が高まると人はがんばれることを知る。

　自己肯定感が高いことが，自己の命を大切にでき，人にも優しくでき，美しい生き方や社会参画をする原動力になるであろう。その意味でも，本書の中心的な存在の章である。

第4章　自己肯定感　－内面とのつながり－

1年
2年
3年

自己肯定感を育てる

1. たいせつな　きみ

感　動　★★★
驚　き　★★☆
新たな知恵　★☆☆
振り返り　★★☆

CD-ROM
4-1
授業用
パワーポイント

　中学生にとって、「他者が自分をどう評価しているか」はとても気になることです。
　SNSのやり取りでも「迅速に・そつなく」対応することで他者からの評価が上がり、「スクールカースト」が高まることからも十分類推できることです。しかし、過度に他者からの評価に反応していくことは、本当に幸せなことでしょうか。「自分は自分だ」という、自分自身を受け入れる心も必要です。そのことに気づかせたいと願って創った授業です。

『たいせつなきみ』　マックス・ルケード／著
セルジオ・マルティネス／絵　ホーバード・豊子／訳（フォレストブックス）

で授業づくり！

◀資料の概要▶
　この村は木でできた小人たちの村。ほめたい人にはお星さまシールを、ダメな人にはだめじるしシールをお互いに貼るという生活。だめじるしばかり体中に貼られて、自信がないパンチネロは、どちらも貼られていないルシアに出会う。彼女のアドバイスに従い、自分を作ってくれたエリに会いにいく……。

◀授業づくりのアドバイス▶
■1 資料をこう生かす！…資料に絵本を使う際は、実は文章の量が結構多くなることに気をつけなければならない。よって、ねらいにそって、文章量を減らして与える。
■2 授業構成や発問をこう工夫する！…資料である絵本にすぐ入り、絵本の世界と現実世界の共通点を意識化させる発問により、自己投影をしながら受け止めさせたい。また、自分を受け入れてくれる人に気づかせるような展開後半にした。

◀授業構成▶

0	8	14	18	28	33	38	48	50(分)
●資料● 『たいせつなきみ』（15ページまで）	●発問● まったく別の話？	●資料● 『たいせつなきみ』（19ページまで）	●発問● なぜ、つかなくなる？	●資料● 『たいせつなきみ』（31ページまで）	●発問● 心に残った言葉は？	●主発問● エリのような人は？		●感想●

ねらい

人は自分を認める人がいると、自信をもって生きていけることに気づく。

A［向上心，個性の伸長］

準備

・『たいせつなきみ』
・実物投影機
・資料（エリの言葉の抜粋）とワークシート　生徒数分

授業の実際（1年で実施）

「今日はこの絵本を使って授業をします」と言って絵本『たいせつなきみ』を見せると、数人の生徒が知っているようだったのでたずねると、小学校のときに読んだことがあるという生徒が6人いた。自宅に本がある生徒は2人いた。「今日は、そのときに読んだ気持ちとは少し違う読み方になるかもしれません」と説明した。また、「後で、この話の続きを問うことがありますので、そのときは答えないで我慢してね」と説明した。

実物投影機で絵を見せていく。文章はすべて読まないで、それぞれのページの絵について簡潔に説明し、絵について問いかけをしながら15ページまでの内容をつかませていく。

例えばはじめに提示する6ページでは次のような言葉がけをして、進めていった。

「いちばん目に入るのは何ですか」
「木のこびとたちで、エリという彫刻家がほったんだ」
「丘の上にある家がエリの仕事場です」
「似ているこびとっているかな」
「こびとたちを見て、何か気づきませんか」
「星の形だけかな」

このように以降の8, 10, 12, 14ページについて内容をつかませていった。

<15ページまでの概要>
彫刻家エリが作った木のこびとの村がありました。ほめたい人にはお星さまシールを，だめな人には，だめじるしシールをお互いに貼るという生活でした。
パンチネロというこびとはだめじるしシールばかり貼られています。自信を失っているパンチネロは同じような仲間たちと遊んでいました。

（マックス・ルケード／著　セルジオ・マルティネス／絵　ホーバード・豊子／訳『たいせつなきみ』フォレストブックス）

そして12～15ページ（見開き4ページ）はもう一度戻って、文章をすべて読み上げた。ここには、コンプレックスを抱いている主人公パンチネロがだめじるしシールを貼られてどのような気持ちになっているのかが記されており、そのことをつかませる意図で行った。

■1 この「こびとたちの世界」と、「私たちの世界」は、まったく別の話でしょうか。

■資料の内容が自分自身の生き方と関連があることを1回意識させ、授業を通して自分の生き方を考えられるようにするための発問である。

次の三択で考えさせた。
ア　まったく別。
イ　共通点が少しある。
ウ　共通点はたくさんある。

挙手で確認すると、アが1人、イが27人、ウが10人であった。ワークシートを配付し、共通点について3分間書かせた。その間に「まったく別」と答えた生徒の席に行って理由を聞くと、「こんなにわかりやすく『よい悪い』を出されるならば、人間関係は楽だと思う」という、深い考えだったので、次の発表の後にその生徒に発表をさせた。

全員起立をさせて、共通点を順に発表させ、自分の考えと同じものがすべて出た生徒は座らせていった。

「友だち関係」「テスト」「宿題」「兄弟関係」の順で多く挙げられた。「部活の団体戦出場枠」「バレエ（習い事）の役配分」という意見もあった。

どのようなところが共通するかたずねると、友だち関係については、「おもしろいことを言ったりリーダーシップを発揮したりす

第4章　自己肯定感　―内面とのつながり―

ると人気者になれる」点を，テストについては，「よいときはほめられる」「塾では成績上位者は張り出される」点を，宿題については，「きちんと出すと成績が上がる」点を，兄弟関係については，「親からの兄弟間での評価」という意見だった。

先に聞いた共通点がないといった意見も発表させると，生徒全員がなるほどという表情であった。

『たいせつなきみ』の21ページまでを読み聞かせた。お星さまシールもだめじるしシールもつかないルシアと出会う。「毎日エリと会うとつかなくなる」とルシアが言う内容である。

「ルシアはいいなあと思いますか」とたずねると全員が手を挙げた。生徒たちは他の人から何か言われることをあまり好んでいないことが伝わってきた。

❷なぜ，毎日エリに会うと，シールがつかなくなるのでしょう。
■エリの言葉の力をより印象づけるための発問である。

となり同士で3分間ほど話し合わせた。本の内容を知っている生徒2人は教卓の方に来て，みんなはどう答えるだろうか予想させた。

挙手による発表をさせた。

1人目は「人から言われるのが気にならないような改造をした」と答えた。「エリは言葉かけをしたのです」とヒントを与えた。

2人目は「エリから毎日慰めてもらった」と答えたので，どんな慰め方なのかたずねると，「気にしなくていいよと言われた」と答えた。

「続きはどうなるのでしょうか」と期待を高めさせて，続きから27ページまで，プロジェクターで映し出しながら読み聞かせた。

＜22～27ページまでの概要＞
　パンチネロは自分をつくってくれたエリと出会う。エリはだめじるしをずいぶんとつけられたパンチネロを見て「かまいはしないさ」「もんだいはね　このわたしがどう思っているかということだよ」「おまえのことをとてもたいせつだと思っている」と話しかける。　　（前掲書）

「シールがつかなくなる理由についてはこう語っています」と言って，最後までプロジェクターで映し出しながら読み聞かせた。

＜28ページから最後までの概要＞
　エリは言う。「わたしの思うことのほうがもっとだいじだとあの子がきめたからなんだよ。みんながどう思うかなんてことよりもね」と話しかける。　（前掲書）

そして25，27，29，31ページにある言葉を印刷した資料を渡し，黙読させた。

「パンチネロは『よくわかんないな』と言っていますが，エリの言葉の意味がわかりますか」と投げかけて，4人班を組ませ，エリの言葉について考えさせた。読み取った生徒が率先して説明していた。

❸エリの言葉の中で，どの言葉がいちばん心に残りましたか。
■資料から道徳的価値が高い部分を読み取ることを促す発問である。

資料にアンダーラインを引かせ，4人班のなかで紹介させた。パンチネロを一貫して認めるところや，気にしなければいいんだと語るところが多かった。

❹あなたにはエリのような人はいますか。
■資料から読み取った「認める人がいることの大切さ」について，自分の生活と結びつけるための発問である。

生徒にとって，完全にエリのように思える人はなかなかいない，気づけないと考え，次の形式で答えさせた。

（　　　　）％エリのような人がいる。
その人は（　　　　　　　　　　　）。

かっこの中には，0から100までの数を入れさせる。なるべく高い数値の人のことを書かせた。

親や祖父母のことを書いた生徒が多かった。パーセンテージはそれぞれであった。そして4人班のなかで紹介させた。

感想を書かせて授業を終えた。

生徒の感想

- エリのような人，やっぱり親だと思う。いやみやいやなことをたまに言われるけど，絶対に見捨てられないような気がする。
- エリのようにすべて受け入れられる人はあまりいないと思った。でも最後に，自分には70％エリのような人がいて，やっぱり母親だった。父親は10％くらいと思うが，0ではないなと思う。
- パンチネロのように，自分のことに自信がない人はいっぱいいると思う。私も勉強，特に英語には自信がない。エリのように自分を認める人と出会ったら変われるかなと思った。
- 今は与えてもらっているが，この前の職場体験では，園児に与える立場を経験させてもらった。そのときのことを考えると100％は難しい。
- 人権集会の講話は，病気のお子さんのために尽くすお母さんの話だった。彼のお母さんは本当にエリのような人なんだろうと思った。

発問❹「あなたにはエリのような人はいますか」の回答の分類

ワークシートを回収すると，次のような分類となった。

	0〜20％未満	20〜40％未満	40〜60％未満	60〜80％未満	80〜100％
親・保護者	2	1	2	11	3
祖父母				2	3
友だち				1	7
教師・指導者			4		1

予想通り「親・保護者」が多かった。親子げんかしている生徒2人は今はうまくいってないけど親として認めていることを表現していた。また，まわりにもその状況を一生懸命に説明していた。

書けなかった生徒が3人いたので，休み時間に理由を聞いてみると，「時によってパーセントが変わるので書きにくかった」（1人），「誰のことを書くか迷った」（2人）だった。

自尊感情

自尊感情の要素として，自分自身を肯定的に受け止め，よりよくなろうとする感覚である「自己肯定感」，人や社会のために役立っている，期待されているという感覚である「自己有用感」，人や社会のために何かを成し遂げる力があるという感覚である「自己効力感」の3つが考えられる。本実践は「自己肯定感」を強化するねらいがある。

なお，この自尊感情は第2章で取り上げた「命を大切にする心」の基盤となるものであり，密接なつながりがある章である。

（熊本県　桃﨑剛寿）

第4章 自己肯定感 －内面とのつながり－

自分のマイナス面を見つめる

2. ひびわれ壺

感 動 ★☆☆
驚 き ★★☆
新たな知恵 ★☆☆
振り返り ★★☆

　誰にでもマイナス面はあるものです。自分のマイナス面を否定することなく，しっかりと見つめ，ありのままの自分を受け入れることが大切です。
　そうすれば，プラスに変えられる可能性もあります。マイナス面ばかりに目を向け，悩んでいる生徒のために創った授業です。

『ひびわれ壺』 菅原裕子／訳（二見書房） **で授業づくり！**

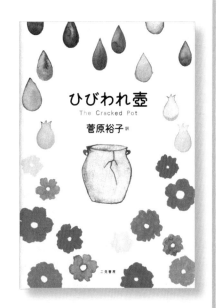

◀資料の概要▶
　ひびわれ壺は，役に立たない自分をいつも恥じていた。その理由は，完璧な壺と比べて，いつも水を半分しか運べないから。
　そんなひびわれ壺にも，人の役に立つことがあった。それは……。自分の欠点を静かに見つめ，その欠点は，見方を変えれば長所になることをわかりやすく教えてくれる絵本。

◀授業づくりのアドバイス▶
　絵本をプロジェクターでスクリーンに映して，文章をゆっくりと読み上げながら進める。文章だけではなく，添えられている絵をじっくりと見てほしい。
　また，自分のマイナス面がコンプレックスにならないような授業構成にし，前向きな気持ちで終わるようにする。

◀授業構成▶

0	10	15	25	30	35	40	45	50(分)
●発問● 自分のプラス面とマイナス面は？	●発問● ひびわれ壺のひびは，プラス？マイナス？	●資料● 絵本『ひびわれ壺』（20ページまで）	●発問● どうして花が咲いた？	●資料● 絵本『ひびわれ壺』(24ページまで)	●発問● ひびわれ壺のひびは，プラス？マイナス？	●指示● 自分のマイナス面をもう一度見てみよう。	●感想●	

ねらい

自分をしっかりと見つめさせ，マイナス面をプラスにとらえることが大切であることに気づかせる。　　A［向上心，個性の伸長］

準備

・『ひびわれ壺』
・ワークシート生徒数分
・パソコン，プロジェクター，スクリーン

授業の実際（3年で実施）

授業が始まるとすぐに次の発問をした。

1 自分のプラス面（いいところ）はどういうところですか。

■授業が楽しくなるように，先にマイナス面を考えさせるのではなく，プラス面から考えさせる導入の発問である。

できるだけたくさん書くよう指示をした。
ワークシートに書いた後，数名を指名して発表させた。発表させていくうちに，次第に盛り上がり，楽しい雰囲気になった。

・元気がある。
・優しい。
・気が利く。
・明るい。
・歌がうまい。

以上のような，たくさんの意見が出た。なかには，1人で10個も書いた生徒がいた。

2 自分のマイナス面（いやなところ，変えたいところ）はどういうところですか。

■自分をしっかりと見つめさせる発問である。

あらかじめ，発表させないと言い，これも，できるだけたくさん書くよう指示をした。
自分をしっかりと見つめ，正直に書くことができたようである。

・うるさい。
・すぐに落ち込む。
・すぐにあきてしまう。
・めんどくさがり。
・悲観的なところがある。
・すぐに考え込んでしまう。

以上のような意見を書いていた。

3 自分のマイナス面を見て，どんなことを感じましたか。

■自分のマイナス面に対する正直な気持ちを考えさせる発問である。

・自分ではわかっているのに，なかなかなおらないものが多いと思った。
・ダメな人間だなあと思った。
・とくに気にしていない。
・わかっているのにどうすることもできない。
・将来，ダメな人間になりそうだと思った。
・なおりそうもないなあと思った。

などの意見が出た。
ここで，絵本『ひびわれ壺』の，表紙の壺の絵を提示した。

4 ひびが入った壺がありますが，このひびはプラスですか，マイナスですか。その理由も書いてみましょう。

■自分のマイナス面と重ね合わせるための発問である。

最初に，プラスと思う人，マイナスと思う人とに分けて挙手をさせ，その後，それぞれの理由を発表させた。
全員がマイナスであると答えると予想していたが，プラスと考えた生徒が15人（約半数）いたことに驚いた。

○マイナスだと思う…18人
・ひびが入っていて，あぶなくて使えないから。
・実用的ではないから。
・いつ割れるかわからないし，割れたら使えなくなるから。
・水を入れても水がもれて役に立たないから。使えないから。

○プラスだと思う…15人
・世界に1つしかないから。

第4章　自己肯定感　－内面とのつながり－

・ひびは入っているけど，完全には割れていないから。
・長年使ってきた証しだから。味があっていい感じだから。
・芸術品と思えば，そう見えてくる。
・割れているけど，大切に使われてきた感じがするから。

この後，絵本『ひびわれ壺』をプロジェクターでスクリーンに投影しながら，ゆっくりと20ページまで読み聞かせた。

〈あらすじ〉
　インドのある水汲み人は，天秤棒の両はしに「完璧な壺」と「ひびわれ壺」をさげ，水をご主人さまの家に運びます。「完璧な壺」はご主人さまの家まで一滴の水もこぼさないのに，「ひびわれ壺」は，水汲み人が水をいっぱい入れてくれても，ご主人さまの家に着くころには半分になっているのです。「完璧な壺」は，いつも自分を誇りに思い，「ひびわれ壺」は，いつも自分を恥じていました。
　「ひびわれ壺」は，自分が恥ずかしいこと，すまないと思っていることを水汲み人に話しました。
　水汲み人は，「これからご主人さまの家に帰る途中，道ばたに咲いているきれいな花を見てごらん」と言う。
（菅原裕子／訳『ひびわれ壺』二見書房）

5 どうして，道ばたに花が咲いたと思いますか。
■マイナス面も見方を変えることでプラスになることを感じ取らせる発問である。
・ひびわれ壺から水がもれて，花にかかり成長したから。
・そのこぼれた水が，花の水やりの代わりになったから。

ほとんどの生徒が，花が咲いた理由に気づいた様子だった。すぐに絵本の続きを見せ，読み聞かせた。
特に最後のページはゆっくりと読み聞かせた。

6 ひびわれ壺のひびはプラスですか，マイナスですか。その理由も書きましょう。
■生徒の心の変容を確認するための発問である。
○プラスだと思う…全員
・自分がまわりよりもおとっていると思っているところでも，誰かの役に立つかもしれないから。
・自分は良くないと思っていたとしても，誰かが必要としてくれるから。
・ひびわれていることで，きれいな花を見ることができたから。

7 自分のマイナス面をもう一度見てみましょう。
■自分のマイナス面の見方を変えるための発問である。
発問後は，あえて指示や発表はさせずに自分を見つめる時間をとった。
ワークシートに書かせた。授業後に集めて読んでみると，自分の学力や体力，運動能力，性格などさまざまなことを挙げていた。
最後に，今日の授業で感じたことを書かせて終わった。

105

生徒の感想

- 今回の授業で自分にダメなところがあっても他にいいところがあることに気づいた。マイナス面をプラス面にすぐに変えることは少し難しいかもしれないけど，変えていきたいと思った。
- マイナス面はプラス面にもつながっていくんだということを学んだ。
- 自分のいやな部分を全否定するのではなく，どうすればいいか考えていきたいと思う。
- 私は誰にも必要とされていないのかと思うと，悲しくなったときもあったけど，誰かに必要とされる人になりたいと改めて思った。
- それぞれ欠点があっても，それを生かしていけばいいんだと思った。
- 一見，マイナスだと思うことも，使い方や見方，考え方を変えると「プラス」になるとわかった。
- 自分がマイナスと感じていたことも，まわりにとってはプラスになっていたこともあるんだなあと感じた。

自信をもたせることの大切さ

　20年以上前の話です。教育相談をしているなかで，「私なんかいないほうがいい」と言った女子生徒がいました。他の生徒の口からも「どうせ，俺なんか」「どうせ，○○しても同じだろ」といった言葉が出たことがあります。これは，今も同じような状況です。自分に自信がない生徒が多いのです。そのため，自分のマイナス面ばかりに気を取られて，一歩を踏み出すことができないのです。

　道徳授業を通して自信をもたせる，つまり自己肯定感を高めさせることで，自分の人生を切り拓いていくことにつながると思います。

　また，生徒の自己肯定感を高める取り組みとして，「世のため人のために」があります。

　自分が人の役に立つこと社会の役に立つことを行動を通して，心を育てる取り組みです。

　学級はもちろんですが，学校全体でも実践可能です。

　詳細は，拙著『良い行いを導く道徳授業——世のため人のためにで心が育つ』（日本標準）をご覧ください。

（長崎県　山中太）

第4章 自己肯定感 ―内面とのつながり―

1年 2年 3年

自己肯定感を育てる

3.「NG」≠「No Good」

感 動	★★☆
驚 き	★★★
新たな知恵	★☆☆
振り返り	★☆☆

CD-ROM 4-3 授業用パワーポイント

　試験で難しい問題にぶつかると「わからない」といって，はじめから考えることさえやめてしまったり，部活動でもすぐにあきらめてしまったり，何か思いがあっても，なかなか続けることができないのが今の中学生ではないでしょうか。「続けたい」と思ってもすぐあきらめてしまうので何事も中途半端で終わり，後悔をする。この授業で考え方を変えて，将来成功体験を味わわせたいと思って創った授業です。

『松本兄の「ng」』松本隆博（学研教育出版）で授業づくり!

※現在，絶版。

◀資料の概要▶

　「まっちゃん」こと，松本人志さんの兄・隆博さんの著書。勇気を与えてくれるエピソードがたくさん紹介されており，その中でも「ng」をネバーギブアップととらえたり，「ｉ」を加えた「ing」の解釈は中学生に自己肯定感・生きるエネルギーを注入してくれる。いくつかの道徳授業が生み出される可能性を秘めている書籍である。

◀授業づくりのアドバイス▶

1. 資料をこう生かす!…全文を読むと時間がかかるので，松本隆博ストーリーをつないで紹介する。内容を小出しにして提示する。
2. 授業構成や発問をこう工夫する!…「ng」の意味を最後には「never give up」という逆転の発想につなげていくため，自分の経験談をどんどん発表させる。最後は「ng」の歌を流して，余韻を残して終わる。

◀授業構成▶

0	5	10	16	24	30	40	42	45	50(分)
●発問● 「NG」って?	●資料● 『松本兄の「ng」』	●発問● 今までにあきらめたことは?	●資料● 『松本兄の「ng」』	●説明● 「ng」は「never give up」	●主発問● あなたにとっての「ng」とは?	●韻● 歌詞「ng」	●資料● 曲「ng」	●感想●	

107

ねらい

マイナスの視点・発想をプラスにかえ，人生を前向きに考える心を育てる。
A［希望と勇気，克己と強い意志］

準備

- 『松本兄の「ng」』
- NG ng No Good never give up "私（i）" + "ng" = "ing" のカード
- 「ng」の歌詞生徒数分

授業の実際（3年で実施）

「NG」と書いたカードを提示し，最初の発問をした。

1 「NG」という言葉を知っていますか。

■今日の授業のキーワードを知らせ，授業内容に興味をもたせる発問である。

30人全員が「知っている」と答えた。
「どんな言葉だと思う？」とたずね，席が近い者同士で話し合い，列指名で答えさせると，以下の発表があった。

- ・放送禁止　　　・モザイクをかける
- ・セリフの間違い　・演技の間違い
- ・失敗　　　　　・やり直し

それぞれ出た答えの意図を簡単に聞いていった。そして，「そうですね。時々テレビ番組で失敗集のNG大賞をやっていますね」と補足を加えていった。

2 この「NG」の言葉のイメージは良いイメージ，悪いイメージのどっちだと思いますか。

■「NG」という言葉をみんながどう思っているか，イメージを確認する発問である。

「ワークシートに書くところがあるので，どちらかに○をつけましょう」と指示をした。
1人が「あまり使わないからわからない」と答えた。挙手で確認すると，他は全員が「悪いイメージ」を選択した。

3 「NG」という言葉は，何という言葉の略だと思いますか。

■「NG」という言葉の意味を確認する発問である。

挙手した2人の生徒に発表させた。
- ・ネガティブ　　・NO何とか

「この言葉NG（エヌジー）とは，テレビ・ラジオなどの放送，映画，演劇などで，その演出や進行上の手違いなどにより，予定外の体裁となった，録音・録画・実演のことです。語源については，英語の『No Good』という言葉があり，英語圏において，『NG』が生まれました。『No Good』は日本語で，『だめ』『良くない』といった意味です」と，言葉の意味を伝えた。

生徒も「『No Good』か」と納得した様子であった。

数秒，間をおいて，「今，『NG』というカードを見せましたが，このカードを見てください」と言って，「ng」と，小文字で書いたカードを提示した。

4 「NG」を「ng」と，小文字で書いたら，どんな印象になりましたか。

■「ng」という言葉の印象を聞き，新しい考えに気づかせる発問である。

1人，「『ng』はやさしい感じがする」と発表した。「『NG』はどうですか」と聞くと，その生徒は「かたくるしい」と答えた。また，「いかつい」という言葉も出た。

「『NG』を『ng』と考えた人がこの人です」と言って，『松本兄の「ng」』のカバー裏の写真を見せた。2人が知っていると答えたので，その生徒には「教えないでね」と，待ってもらった。

「誰かに似ていると思いませんか」とたずねるが，なかなか出てこない。知っている2人は「似ているよね」と言っている。なかなか出てこないので，「ダウンタウンのまっちゃんのお兄さんです。よく似ていますね」と言い，松本人志さんの写真を横に置くと，生徒は似ていることに納得したようであった。

「このお兄さんが書いた本がここにあります。今から紹介します」と言って，本の2章「松本隆博物語」（28～66ページ）の内容をプレゼンテーションソフトで説明した。

- ・中学1年の期末試験では200人中189番だった。このままではいけないと一大決心をした理由は「親に迷惑をかけるのはさすがにちょっとまずい」と思ったから。
- ・プログラミングとの出逢い「やればできる」ことを実感する。
- ・就職後，生意気と言われた新入社員時代。

第4章　自己肯定感　－内面とのつながり－

- そろばんに大苦戦していた信用金庫勤め。
- 緊張と焦りで失敗の連続。
- 悔しさや厳しさが自分を成長させた。

> それでお盆の日，なんとロビーに1匹の野良犬が入ってきたんです。フラ～っと入ってきて，こともあろうにその野良犬，ロビーのど真ん中でウンコをしたんです。お客さんはキャーッ！って騒ぐし，先輩から「松本！　出番や！」といわれ僕は犬のウンコの処理に出動しました。
> ポケットからティッシュを取り出して，まだ生暖かいその野良犬のウンコを手に乗せた瞬間，両親の顔がまぶたに浮かび，涙が出てきました。自然に涙が出てきたんです。
> きっと両親は，僕が仕事で大活躍していると思ってくれているだろう。なのに，本当の僕は仕事もろくにできず，実はここで犬のウンコをつかんでいる。かっこ悪さとか，そんなんじゃなくて，単純に，"両親に申し訳ない"と。
> ここまで育ててくれて，貧乏な中，大学まで行かせてくれて，立派になって働いていると思ってるやろうにと思うとさらに涙が出てきて，犬のウンコの上に涙がボトーッと落ちました。
> （松本隆博『松本兄の「ng」』学研教育出版）

悔しい経験を味わってからはとにかく一生懸命だったことなど，エピソードを加え，その後の自分の仕事に対する意識や周囲への気配りができるようになったことなどを説明した。

5 エピソードを聞いてどう思いましたか。
■松本さんの体験から悔しい思いをすることがあっても，それを乗り越えることのすばらしさに気づかせる発問である。
- 失敗は必ず役に立つということがわかった。
- 何回も何回も失敗することで人間は成長できるのかなと思った。
- 今の自分ははっきりとやりたいことがみつかっていない。なので，目の前のことに一生懸命に取り組みたい。

6 何かやろうとしていて途中であきらめてしまったことはありませんか。
■自分の「give up」を想起させる発問である。

- バッティング練習で30箱打つのを手にマメができたからあきらめた。
- ピアノを学校帰りに行かないといけないのがきつくてやめてしまった。
- バレーの試合で点差をつけられ，絶対追いつかないと思ってあきらめた。

「松本さんは『ng』を『Ⓝo Ⓖood』ではなく，『ⓝever ⓖive up』という言葉に変えて自分自身を奮い立たせたのです。目標達成まではとにかくずっと継続していきたい。がんばっていこうという意味をこの言葉に込めているのです。決してあきらめないという意味ですね」と，そのことを書いた2枚のカードを出して説明した。

「松本さんはこう言っています。『努力は報われる』とよくいわれます。ある意味そうかもしれませんが，実は努力は報われないことのほうが多いのです。高校球児たちが，甲子園をめざしていくら練習しても，甲子園に行ける各県代表は1校だけ。勝負の世界では，一生懸命に努力をしても，最後の勝者は必ず一つです。努力は必ずしも報われるわけではないけれども，それなのに努力を惜しまない。そこに人は感動するのです」と，154～164ページの内容を話した。

7 あなたにとっての「ng」は何ですか。
■自分の「never give up」を想起させる発問である。
- 卓球で優勝する夢をあきらめない。
- 家でのトレーニングを毎日続けたい。
- どんな試合内容になってもあきらめない。
- 練習を休まない。

「松本さんは『ng』の前に『 i 』をつけると新たな意味がつくことに気づきました」と言って，次のカードを提示した。

> "私（i）" + "ng" = "ing"

「英語で『ing』とは，進行形を意味しますね。『私』は，『あきらめない』でずっと『続けていく』。この気持ちが大切じゃないかなと言っているのですね」と，167ページの内容を説明した。

松本隆博の「ng」という曲の歌詞を印刷したプリント（110ページに掲載）を配付した。そして曲を聴かせた。わかりやすい歌詞であり，とくに補足はしなかった。生徒はしっかりと聴いていた。

感想を書かせて授業を終えた。

109

資料

「ng」

作詞作曲：松本隆博

1：
やりたいことが見つからない
さんざん悩んで考え込んでも答えが出ないのは
当然そんなのわかっちゃいるけど
他にどうしたらいいのか，どこから手を付け
どこに向かい　答えがどこにあるのかわからない
とにかく言ってもやり切れば，3日坊主と言わせない
行けるとこまで　行けるところまで　行けるところまで
引き返すことなんて考えない

もっともっとくやしい顔しよう
澄ましてるのは，
めちゃダサかっこ悪い（何もしないで評論家きどり）
もっともっとできるはず　言われなくてもわかってる
少しの勇気，新しい明日，新しい自分，できるしかない！
ネガティブはエヌジー　僕らのエヌジー
ネバーギブアップ‼

2：
これ以上進めない
今日はさっぱりどこまでやっても何度やっても
なんにも出ない時　長い人生，時には噛合わないし，
ここまでやってこれたし
「ギブアップ！」「なーんてね！」とちゃかしてみよう
深く屈伸することも，長く助走とることも
時には親に甘えるのもいい，友だちと愚痴るのも
充電しなおしてまた走ればいい

もっともっと夢に向かって
あきらめずにググっと突き進め
（決してそんなに急ぐことない）
もっともっと伝わるはず　声に出して
"ア〜！"訴えろ〜
（メールなんかで伝えきれない）
"さあ行こ〜　ガキの使いやないんやで〜"
ネガティブはエヌジー　僕らのエヌジー
ネバーギブアップ‼
きっときっとできるはず　その蒔いた種は絶対芽吹く
（冬は必ず春になるんだ！）
頑張ってる友がいて　それを見てキミはどう思う？
ただうれしいか？　うらやましいか？
くやしくないか？
それとも何も感じないフリしていくのか⁉
ネガティブはエヌジー　僕らのエヌジー
ネバー　……ギブアップ‼

生徒の感想

- 私は「NG」という言葉にはいい印象がありませんでしたが，松本さんの「ng」は「あきらめない」という意味がこもっていてすごくいいと思いました。私は，今までに「あきらめる」ということが何度もありました。でも，これからはあきらめません。どんなにつらいことがあっても途中でくじけません。松本さんの言葉は，私の心にとても響きました。今日の授業をして良かったと思いました。

- あともう少しでテストなのに，テスト勉強が全然はかどらなかったけど，今日，松本隆博さんの話を聞いて，「あきらめずに最後までがんばろう！」と思いました。松本さんの勉強をした後に「ng」を聞くと，鳥肌が立って感動しました。すごくポジティブな人で，私もちょっとあきらめてしまったときに松本さんの話を思い出してがんばりたいと思います。

- もしも，心が折れそうになったら，「NG」じゃなくて「ng」を思い出してがんばりたいです。

- 「ing」の考え方にこんなものがあるのかと思い，驚きました。

- 努力をしても報われないけど無駄にはならないという言葉を忘れないでいようと思います。

（長崎県　吉田綾子）

第4章 自己肯定感 －内面とのつながり－

1年　2年　3年

目の前の出来事のとらえ方を磨く

4. 本気で生きる

感　動	★★★
驚　き	★☆☆
新たな知恵	★☆☆
振り返り	★★☆

CD-ROM
4-4
授業用
パワーポイント

　人はどうしても，近い自分の未来に都合のいいことを選択し，都合の悪いことを避けようとしてしまいます。でも，もしかすると，今，目の前の出来事には理想的な自分をつくってくれるヒントが詰まっているかもしれない。武藤貴宏さんの生き方は，とにかく今できることに全力を注いでみたくなる気持ちにさせてくれます。

『**本気で生きる**』以外に人生を楽しくする方法があるなら教えてくれ　で授業づくり！
武藤貴宏（ディスカヴァー・トゥエンティワン）
我武者羅應援團ウェブサイト http://www.gamushara-oendan.net/

「本気で生きる」
以外に人生を楽しく
する方法があるなら
教えてくれ

株式会社我武者羅應援團団長
武藤貴宏
Takahiro Muto

Discover

◀資料の概要▶
　憧れの応援団に入部したものの，練習と人間関係の厳しさに耐えかねて，わずか２週間で逃げ出してしまった武藤貴宏さん。大人になってもそのもやもやは拭い切れず，あるとき一念発起して我武者羅應援團を結成する。

◀授業づくりのアドバイス▶
1資料をこう生かす！…何といっても，中学生自身が体験するような失敗を経験し，それを糧に今を輝いて生きている人たちの話は生徒の心をつかむ。武藤さんは，つらい出来事から逃げ出し，それによって自信を喪失するという経験をしている。生徒は自分の経験と照らし合わせ，共感をしながら授業を進めることができる。
2授業構成や発問をこう工夫する！…スポーツ選手や芸能人と自分とは住む世界が違うんだと思わせてしまうと，資料に寄り添いながら考えることは難しいと思う。したがって，授業の前半は武藤さんもみんなと同じ部分をもっているんだよというメッセージを含ませる。

◀授業構成▶

0	8	14	18	28	33	45	50(分)
●資料● 武藤貴宏さんの紹介	●発問● 応援団をする人ってどんな人？	●資料● 今の武藤さん	●発問● 改めて武藤さんの印象は？	●資料● 我武者羅應援團を立ち上げるまで	●発問● 本気で生きるって？	●感想●	

ねらい

今，自分の置かれている環境を信じ，今という時間に一生懸命になることの価値に気づく。　　　　　A［真理の探究，創造］

準備

・『「本気で生きる」以外に人生を楽しくする方法があるなら教えてくれ』
・映像「人生の醍醐味」
　※我武者羅應援團ウェブサイトで視聴可。DVD『私が一番受けたいガムシャラな授業』にも収録されている。
・武藤貴宏さんの写真

授業の実際（3年で実施）

授業開始すぐに次の問いかけをした。

■1 プロ○○って言ったら何が思い浮かびますか。

■興味・関心を高めるための発問である。

・プロ野球選手
・プロサッカー選手
・プロレスラー

スポーツ選手が多かった。「プロとはプロフェッショナルの略です。それに関する技術が優れていて，職業としている人のことです。それでお金を稼いでいます」という簡単な説明をし，次の発問をした。

■2 この人は何のプロでしょう。

■引き続き，誰でも簡単に参加できる問いで発言しやすい雰囲気をつくる発問である。

最初に写真の顔の部分だけを見せた。生徒からは「ホテルマン」，「司会者」などの発言が出た。続いて学生服を着た応援中の武藤さんの全身の写真を見せた。「この人は応援のプロです」と伝えると，「応援って職業ですか」「お金稼げるのですか」などの声が上がった。

続けて，武藤貴宏さんの以下のような簡単な紹介をした。

> 武藤貴宏（我武者羅應援團團長）
> ・東京都に生まれる。
> ・高校入学と同時に応援団入部
> ・ネバダ大学ラスベガス校卒業
> ・一般企業に勤める。
> ・我武者羅應援團結成
> ・日本に限らず世界中で応援を繰り広げる。

■3 応援団をする人たちってどんな人たちだと思いますか。

■今の生徒がもっているイメージを確認する発問である。

次のような意見が出た。

・体育会系
・熱い人たち
・応援好き

続いて，「自分自身がガムシャラになることが大切だ」と述べてある資料1（『「本気で生きる」以外に人生を楽しくする方法があるなら教えてくれ』21～23ページ）を配付し，範読した。

再び，武藤さんに対するイメージを確認した。

・他人のために全力を傾けることができる。
・何でも全力をつくせる。
・ほかの人に力を与えている。

数名の意見を聞いたところで資料2（114ページに掲載）を配付し，範読した。会社を辞めて，29歳で応援団を始めたのも，自分が高校1年のとき応援団に仮入部するものの，わずか2週間で辞めてしまった後悔がモチベーションになっていると記されている。

特別なことをしている人は特別な人というイメージをもちやすい。もちろんそういうこともあるが，そうではないことも多々ある。生徒が「自分とは違う特別な人」という印象をもってしまうと，せっかくのメッセージが届かない。資料2を読むことには，武藤さん

第4章 自己肯定感 —内面とのつながり—

が多くの人と同じように弱い部分をもち，逃げだした経験もあることを伝える意味がある。「今は応援のプロとして応援団を立ち上げている武藤さんも，応援団から逃げ出したことがあったんですね」と確認してから，次の発問をした。

❹資料2の「　　」の中にはどんな言葉が入ると思いますか。

■武藤さんの考えを通して，ねらいに対する自分の考え方を客観的に考えさせる発問である。

数名の発表を聞き，なぜそう思うのかを丁寧に確認していった。

・あきらめないこと
・真剣に取り組む
・努力すること
・つらいことを乗り越えること

すべての生徒の発言が人生をおもしろくするきっかけになり得ると肯定したうえで，「武藤さんは『本気で生きる』と決めたそうです」と武藤さんの言葉を紹介し，大きく板書した。

「武藤さんが本気で生きることの大切さをこんなメッセージにしてくれています」と言って，映像「人生の醍醐味」を13分間ほど視聴させた。武藤さんの力強い言葉に教室は静かになった。そこで次の発問をした。

❺本気で生きるって，どんなことだと思いますか。

■友だちの考えを聞き，自分の考えを深化させる発問である。

時間をとって考えさせた。

・目の前に来てしまったどんな困難にも，本気でぶつかること。本気でぶつかるとは，今ある自分の力をすべてかけること
・最後までやり通すことが本気で生きること
・自分のために他人のために全力になることだと思う。
・自分に後悔させないために，あとで良かったと思えるように……。

友だちから出された意見をメモする生徒がいつもよりも多かった。「本気」ということのとらえ方がさまざまであることを実感し，さらに共感が得られたのではないかと思う。

最後に感想を書かせて終わった。

・本気で今を生きると，将来胸を張って，自分に自信がついて，本当に何が何でもがんばれればできるのではないかという気持ちになりました。本気は大切だと思いました。
・武藤さんのDVDを見たときに，すごく感激して泣きそうになりました。今の私はあきらめることが多いので，「本気で生きる」を胸に，また新しくがんばっていこうと思いました。
・おもしろい人生とはつらいことがある人生。

資料

●資料2

~~僕は今，我武者羅應援団というプロ応援団の団長をしている。~~
~~日本各地の企業や学校に招かれ，本気の応援をする毎日を送っている。~~

今でこそ多くの人が認めてくれるようになったが，応援団を立ち上げたときは，周囲から，本当にいろんなことを言われた。

「いったい，お前は何を考えてるんだ！」
「仕事を辞めて，どうするつもりだ？」

など，さまざまな言葉を浴びせられた。

常識的に考えれば，会社を辞めて，29歳で応援団を始めるなんてありえないことぐらい，僕にだってわかっていた。

でも，僕は自分の人生を本気で生きるには「応援団をやるしかない」と心から思っていた。「応援団をやって，どうする」とか「それが仕事になるのか？」なんてことは考えなかった。

自分の人生を本気で生きたくて，自分の人生をおもしろいものにしたくて，ただ必死に行動しただけだったのだ。

こんな言い方をすると，僕が「ものすごく意志のある人間」のように感じるかもしれないが，決してそんなことはない。

じつは，僕は高校に入学してすぐ，応援団に入部した。

応援団に憧れ，その活動に青春のすべてを賭けようと思っていたのに，なんと入団後たった2週間で逃げ出してしまった。

当時，新入部員は僕1人しかおらず，先輩は怖そうな人たちばかりで，練習は驚くほど厳しい。

そんな状況に，僕は耐えられなかったのだ。

応援団を逃げ出したその日から，僕の心の奥底では「小さな火種」がずっとくすぶり続けていた。

応援団をやりたいのに，逃げ出した自分。

その思いがなくなることはなかったが，僕はその「自分の思い」に向き合おうとせず，ただ何となく時間をやり過ごしてしまった。

そんな日々が十数年も続いたのだ。

ひょっとしたら，「自分の思い」と向き合わずに，一生を終えてしまうこともあるかもしれない。

でも，僕はいやだった。

くすぶり続けた10数年の思いを爆発させるように，僕は自分自身と向き合い，我武者羅應援團をつくった。

僕は，「本気で生きていこう」と決めたのだ。
それから僕の人生は一気におもしろくなった。

人生をおもしろくしたいなら，「本気で生きる」以外に方法はない。
あなたの人生をおもしろくするのも，つまらなくするのも，すべてはあなた次第だ。

僕らは，「本気で生きる」あなたを応援している。

(武藤貴宏『「本気で生きる」以外に人生を楽しくする方法があるなら教えてくれ』ディスカバー・トゥエンティワン)
※ ～～～～ 部分を空白にして配付。

(栃木県　和氣臨太郎)

第4章　自己肯定感　―内面とのつながり―

1年
2年
3年

自己肯定感を育てる

5. 高倉健を支えた人

感　動　★★☆
驚　き　★★☆
新たな知恵　★☆☆
振り返り　★★☆

CD-ROM
4-5
授業用
パワーポイント

　高倉健さんが亡くなりました。降旗康男監督『冬の華』，山田洋次監督『遙かなる山の呼び声』などの作品から自分の人格形成に大きな影響を受けました。その高倉健さんから道徳の授業を創りたい。副読本だけでは展開できない授業を提案したい。健さんに「褒められ」たい。そのような思いで創った授業です。

『あなたに褒められたくて』 で授業づくり！
高倉健（集英社文庫）

◀資料の概要▶
　高倉健さんが素敵な体験を綴るエッセイ。映画の撮影をひとりの子どもとして心配してくれた母のことやロケでの苦労など，自身の想いを語っている。特に「あなたに褒められたくて」には健さんをひとりの子どもとして思う母親への思いが語られており，中学生やその親にも通じる内容である。

◀授業づくりのアドバイス▶
■1 資料をこう生かす！…健さんの母親に対する想いの中で，「頑固」だけど，つまり反発しやすいのだけれど，「有り難い」という論旨にあう部分を抜粋し活用していくことにした。

■2 授業構成や発問をこう工夫する！…健さんの母親についての話を資料として示しながら感想を求めていき，自分の保護者のことを考えさせる。その後に高倉健さんの親への思いであることを知らせ，大スターでも親に褒められたいのだということから，自分の親への想いを顧みるという流れにした。

◀授業構成▶

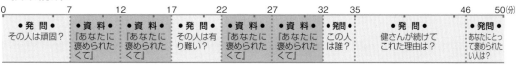

0	7	12	17	22	27	32	35	46	50(分)
●発問● その人は頑固？	●資料● 『あなたに褒められたくて』	●資料● 『あなたに褒められたくて』	●発問● その人は有り難い？	●資料● 『あなたに褒められたくて』	●資料● 『あなたに褒められたくて』	●発問● この人は誰？	●発問● 健さんが続けてこれた理由は？	●発問● あなたにとって褒められたい人は？

115

ねらい

親に褒められたくて，つらい撮影をがんばった高倉健さんの生き方を通して，家族の絆の強さを感じる。

C［家族愛，家庭生活の充実］

準備

・『あなたに褒められたくて』
・高倉健さんの顔写真と，映画『八甲田山』のポスターの画像
・ワークシート生徒数分

授業の実際（1年で実施）

「今日は，自分自身の保護者のことを考えてほしいと思います。保護者の方を，誰か1人，頭に思い浮かべてみてください」と指示をした。「まだ浮かばない人はいますか。（挙手がないのを確認して）それでは1人浮かべましたね」と確認し，最初の発問をした。

1 頭に思い浮かべたその保護者の方には，「頑固なところ」がありますか。次の4つから選びなさい。
　ア　とても頑固
　イ　わりと頑固
　ウ　ほんの少し頑固
　エ　まったく頑固でない

■資料で焦点化するポイントを，あらかじめ自分に照らし合わせるための発問である。

ワークシートに書いて挙手させると，アは1人，イは2人，ウは12人，エは19人であった。アとイに挙手した生徒に聞くと，「自分で，朝，起きてこないことを許さない」「携帯を買ってくれない」「高校はここに行くようにと言ってきかない」と言った。「ほんの少しある人も多いですね。頑固なところに困っている人が結構多いですね」と話した。

「ある人のお母さんの話をします」と言い，次のエピソードを紹介した。

<概要>
魚が嫌いだと言うと，母親は頭のついている姿のままの魚を毎日出した。母は，「乃木大将は食べるようになるまで，食べさせられたのよ」と言った。
（高倉健『あなたに褒められたくて』集英社文庫）

2 このお母さんをどう思いますか。

■受け入れられない気持ちを確認する発問である。

列指名すると「ちょっといや」「気持ちはわかるが普通できない」「たしかに頑固」等が意見として出た。

「それでは次のお母さんの話をします」と言って，次のエピソードを紹介した

<概要>
使えないほど傷んだ歯ブラシを勿体ないからと言い捨てず，それで磨くから歯茎がすり減ってしまった。
（前掲書）

3 このお母さんをどう思いますか。

■さらに受け入れられない気持ちを確認する発問である。

列指名すると「合理的でない」「ちょっとやり過ぎではないか」「魚を毎日出したお母さんよりも理解ができない」等が意見として出た。

「今度は，感謝の気持ちを聞きますね」と言って，次の発問をした。

4 頭に浮かべた保護者の方に対して，「ありがとう」と思うことはありますか。

■1と同じ資料で焦点化するポイントを，自分に照らし合わせるための発問である。

「ある」「なし」で挙手させると全員が「ある」に手を挙げた。

「ある俳優さんのお母さんの話をします」と言い，次のエピソードを紹介した。

<概要>
長い間俳優をしているから，もう少しいい役をやらしてもらうよう言ってきた。
雪の中を這い回るような撮影に心を痛

めると言ってきた。　　　　　　（前掲書）

❺このお母さんをどう思いますか。
　■お母さんの優しさを確認する発問である。
　列指名すると「いい役を願う親の思いがある」「子どもに安全に過ごしてほしいという思いを感じた」「そんなに大変ならば他の仕事の方が良いと思っているのではないか」等が意見として出た。
　「それでは次のお母さんの話をします。この人も、俳優さんのお母さんです」と言って、次のエピソードを紹介した

> ＜概要＞
> 　子どもが載っている映画ポスターの写真を見て絆創膏（ばんそうこう）を貼っているのに気づいた。他の誰も気がつかない。（前掲書）

❻このお母さんをどう思いますか。
　■❺と同じ、お母さんの優しさを確認する発問である。
　列指名すると「親は子どものことをよく見ているなと思った」「親が見るところは違う」等が意見として出た。
　「実は、今あげた4つのエピソードの母親は同じ人の母親です」と言って、次の問いをした。

❼4つの話はだれの母親の話だと思いますか。
　■高倉健さんにまつわるエピソードであることを知らせる前に確認をする発問である。
　「ポスターに載る俳優さん」「雪の中の撮影があった」ことで生徒は考えた。『おしん』『冬のソナタ』という声が聞こえた。
　ここで高倉健さんの写真を大きく提示した。最初に顔写真を提示し、次に『八甲田山』のポスターの写真を見せ、冬の山の中での撮影があったことを知らせた。
　そして高倉健さんについて説明をし、テレビで録画していた映画『あなたへ』のワンシーンを3分間ほど視聴させた。くわしくないという生徒はいたが、知らないという生徒はいなかった。
　「高倉健さんは、お母さんに、さいはての地や炭鉱、雪の八甲田山、北極、南極、アラスカ、アフリカでの撮影を続けてこれた理由を言っています」と言って、次の発問をした。

❽続けてこれた理由は何だと思いますか。次のかっこの中に入る言葉を考えなさい。

> お母さん。　僕は（　　　　　　　　　　）

　■高倉健さんの母親との精神的な結びつきに気づかせる発問である。
　個人で2分間考えた後、4人班で話し合わせた。自分の意見を友だちに聞いてもらった後で、全員起立をして順に発表し、自分の考えと同じものがすべて出た生徒は座らせていった。出た発表を分類しながら板書していった。
＜仕事のこと＞
　・映画が好きだから。
　・仕事が好きだから。
　・期待に応えたいから。
　・映画監督のため。
　・映画スタッフのため。
　・ファンのため。
　・映画界のため。
＜家族のこと＞
　・家族のために。
　・お母さんに恩返しをしたいから。
　ここで本の表紙を見せ、「今日の授業の内容の出典は、『あなたに褒められたくて』というタイトルです。お母さんに褒められたくって、がんばったんだと、この本で言っています」と話すと、教室がシーンと静まった。

❾あなたが褒められたいと思う人はいますか。
　「誰かは発表させません。じっくりと自分の思いを振り返ってください」と助言し、ワークシートに書かせた。机間指導しながら、書いてあることにうなずきながら認めていった。
　生徒は親や祖父母、先輩や友人を多くあげていた。なかに、部活動の先生、生徒指導の先生、校長先生をあげていた生徒もいた。

資料

◇高倉健さんにとって、母親がなぜここまで特別な存在だったのでしょうか。

何故、高倉にとって母親が特別な存在であるかということですが、文中*軽く触れているだけの肺浸潤の闘病時期が深く影響しております。高倉は小学校へ上がってすぐ肺浸潤におかされ、休学を余儀なくされました。高倉は四人兄弟の次男、二人の妹様がいらっしゃいますが、その病気療養中、来る日も来る日も兄弟とは違う自分だけのための食事を作り続け、離れでの生活で、世話をかけ、兄弟のなかで特別に手を焼かせてしまったという感情がご母堂様が亡くなられるまでずっとあったようです。
それは、高倉がのちに「母は僕の法律だった」と、本人が語るほどの想いです。理不尽に耐え兼ね我慢ならない時でも、お母様の顔が思い浮かび思いとどまったというエピソードもございます。

2015年6月

株式会社　高倉プロモーション
代表取締役　小田　貴

*『あなたに褒められたくて』

後日、高倉健さんが所属していた「高倉プロモーション」からいただいた文章です。

教材化で注意したこと

授業を作成するにあたって、原文にある「刺青」などは使わないよう留意し、「健さんは、お母さんに、さいはての地や炭鉱、雪の八甲田山、北極、南極、アラスカ、アフリカでの撮影を続けてこれた理由を言っています」という説明にしました。

（熊本県　桃﨑剛寿）

第4章 自己肯定感 —内面とのつながり—

私の道徳授業づくり
山中 太の場合

■中学校教諭歴（平成26年度末） 7校・28年。
■『中学校編とっておきの道徳授業』シリーズNo.1～12 掲載の開発実践数32本
　【代表作】「きまりと自分の責任」(No.2),「ぼくのスーパーヒーロー」(No.3),「命が
　　あたえるもの」(No.4),「涙そうそう」(No.5),「車椅子のJリーガー」(No.7),
　　「新幹線お掃除の天使たち」「平和を考える旅」(No.11)
　　　　　　　　　　　　　　　　　　　　　　＊（ ）内はシリーズNo.です。

 道徳授業を資料開発から始めるようになったきっかけは？

A 教職10年ぐらいまでは，道徳の時間を利用して行事の準備や話し合い，席替えなどを行うこともあった。また，授業をするときは，道徳教育係が準備した副読本からの資料を使い，指導書に書かれた通りの流し方で行っていた。先の展開がわかるような流れであり，登場人物の気持ちを問う発問ばかりで，おもしろくない，これでいいのだろうかという疑問を常にもっていた。

そんなときに，深澤久先生の道徳授業「いじめ」に出合った。道徳授業の資料で刑法を使うという奇抜なアイデアといじめ防止に向けた新しい視点に驚き，感動した。

その後，㊀（マルドウ）や「道徳教育改革集団」のメンバーに加わり，桃﨑剛寿先生をはじめとする多くの先生方と出会ったことで，道徳授業づくりへの意欲が高まった。

 道徳授業づくりで大切にしていることは？

A 道徳授業づくりの「か・き・く・け・こ」
「か」…感動
まずは教師が感動する資料を使うことである。この感動を生徒に伝えたいという熱い思いが授業づくりの推進力となる。また，感動をいかに演出するかを考えながら，授業を構成している。

119

山中流！道徳授業づくりの手順

「き」…共有
　教師の感動を独りよがりで終わらせないことが大切である。そのためには，感動を生徒と共有できる資料を使い，工夫ある授業構成にすることである。
「く」…くさい
　単なる成功談や偉人伝では，生徒の人生と大きく離れた資料となってしまうことが多いように感じる。そうならないためにも，どこかに人間くさい部分が感じ取れる資料を使うようにしている。この人間くさい部分に生徒が共感し，資料の世界と自分の世界を重ね合わせて考えることができるようになる。
「け」…経験
　授業はある意味「体験」である。この「体験」を自分のより良い方向へ生きる糧となるようにすること，つまり「経験」になるような授業づくりをめざしている。
「こ」…交流
　授業後，生徒との会話のなかで，道徳授業の話が出るようにしたい。また，授業で使った資料を保護者にも配付し，感想などを集めて交流を深めたいと考えている。

1 ネタ探し

　まずは，できる限り本を読むことである。1年間で100冊読破するという目標を立てがんばっている（読破記録は，ブログ「半径3ｍの教育論」に掲載中）。
　その他，新聞やマンガ，映画，音楽，テレビやラジオＣＭ，学校の掲示物や配布されるリーフレット，街中の風景やポスターなどにも使えそうなものはないか気をつけている。道徳授業だけでなく，短学活や集会などで使えるかもしれないという意識を常にもっておくことである。探すポイントは感動するネタという高いレベルだけではなく，「おやっ」「あれっ」程度のレベルのネタをできるだけたくさん集めるようにすることである。

▼

2 ねらいの確定

　道徳授業で使えそうだと思った本は，もう一度じっくりと読みながら，ポイントをノートに書き出している。例えば，主人公の人生が変わった部分，感動した言葉，生徒が共感するような部分などを書き出し，整理している。こうすることで，授業のねらいや発問や構成がぼんやりと見えてくる。ねらいは，最初から１つに絞るのではなく，いくつかを書き出し，最終的に確定している。その際，抽象的な文言ではなく，具体的でしかもわかりやすい文言になるように心がけている。そうすることで，評価がしやすくなる。

▼

3 ネタから資料へ

　ネタを実際の道徳授業で使えるように加工したものを資料と考えている。本のどの部分を使うか，どの言葉を使うか，写真であればどの部分を提示するかなどを決める。
　資料にするときは，ねらいに近づけるという視点で加工すると基準がはっきりとして，余分な部分を削りやすくなる。

▼

4 発問を練る

　単純に，資料中の登場人物の気持ちを考えさせたり，次の場面がどうなるかを予想させたりする発問では，生徒の思考は浅いものになってしまう。浅い思考では，生徒の心は変容しにくい。そこで，発問づくりでは生徒の思考をいかに深めるかということを中心に考えている。そのために，思いついた発問をすべて書き出し，その中から多くの意見が出るような発問やさまざまな視点でとらえることができるような発問を選ぶ。また，できるだけ簡潔でわかりやすい言葉になるように心がけている。

山中流！　道徳授業づくりの手順

▼

5 授業構成

　資料のなかでいちばん感動した部分，つまり生徒にいちばん伝えたい部分を中心においた授業構成を考えている。その部分を授業の山場にするためには，どういった構成にすれば生徒の思考がスムーズに流れるようになるかを考えている。その際，教師の説明や話をできる限り減らし，生徒に書かせる，考えさせる，活動させる時間を十分確保するようにしている。

▼

6 授業後も大切

　授業で使った資料は，家庭に持ち帰らせて，お家の人と一緒にもう一度読むようにと話をしている。そして，家庭からの感想を集めて，通信などを利用してさらなる広がりをつくっている。道徳授業で学んだことを家庭でも話し合わせ，保護者の協力を得ながら，子どもの道徳心を育てるようにしている。

第5章

「社会参画」
世のため人のため
―社会とのつながり―

小学生と中学生の大きな違いは何か。
それは，卒業後の進路が「保証されている」小学生と比べ，
中学生は，自ら進路を切り開いていくところであろう。
高校進学だけでない。
どんな社会を築いていくのか，まで考えさせる必要がある。
その先には，人間の幸福のあり方までが見え隠れしている。
社会参画の視点を，このように大きくとらえ，授業実践をすべきだ。
いろいろな角度から多角的に考えさせる7本の授業がここにある。

1. 親へのプレゼント
2. 何のために歌うのか
3. クマともりとひと
4. クリスマスにはおくりもの
5. まってる
6. 障がいのある方と共に生きること
7. 正しいことは美しい

第5章 「社会参画」世のため人のため
― 社会とのつながり ―

● 授業のポイント

「親へのプレゼント」は，今まで与え続けてもらってきた親へ，感謝を表すことを考えさせる授業である。社会参画への最初の一歩としての授業である。

「何のために歌うのか」は，田中さんの「自分を支えてくれる人のために歌う」という気概を知り，人のためにがんばる美しさを伝える。

「クマともりとひと」は，環境問題に立ち上がり，自治体も動かした，それは中学生たちであったという教材を用いて，社会参画の可能性を考えさせる。

「クリスマスにはおくりもの」も，絵本を通して，与えられる喜びから与える喜びへの価値観の変換を図る。

「まってる」は，郷土の中に，あなたを見守っている人がいることをメッセージで伝える。郷土の温かさにふれさせる。

「障がいのある方と共に生きること」は，日帰りツアーに障がいのある方が断られたという投書から，共生社会について考えさせる。

「正しいことは美しい」は，サッカーワールドカップの話題などから，正しいことがまかり通る，よりよい社会を築いていこうというメッセージが込められた授業である。

このように，「自分から社会へどう働くか」という視点が込められた実践群である。これは，第1章の「美しい生き方」にも重なる部分であるが，より「世のため人のため」の視点が含まれる。

昨今，平和については世界の各地で深刻な問題が起きており，我が国のあり方が問われている。また，環境問題も他国の大気汚染の問題など，大きな問題がある。社会参画を扱う章であれば，これらも取り扱いたいところであるが，公平性や真実性についてかなり難しいところがある。本書では，「マララさんの願い」を第1章「美しい生き方」で取り上げたが，本章では取り上げられなかった難しさがある。「社会参画」を道徳授業として取り扱うには，慎重さが必要なことがある。

第5章 「社会参画」世のため人のため －社会とのつながり－

1年　2年　3年

親への感謝の気持ちを伝えたい

1. 親へのプレゼント

感　動	★★☆
驚　き	★★☆
新たな知恵	★☆☆
振り返り	★★☆

CD-ROM
5-1
授業用
パワーポイント

　中学生というのは，毎日，親の世話になっているにもかかわらず，「ありがとう」という感謝の言葉をなかなか言えない年頃だと思います。言いたいと思っていても，素直になれない生徒もいることでしょう。そんな生徒に，親の愛情を感じさせ，感謝の気持ちを素直に表現させたいと思い，この授業を創りました。

「愛をそそいでくれた人に，愛でこたえたい。」白十字　で授業づくり！

◀資料の概要▶
　2枚の写真とそれに添えてある短い言葉だけで，やさしく温かい気持ちになれる広告。また，親から子どもへの愛情と子どもから親への愛情を考えさせる魅力的な広告でもある。

資料1

資料2

（提供：白十字）

◀授業づくりのアドバイス▶
■1 **資料をこう生かす！**…2つの資料は「写真＋言葉」からなる。言葉や写真の一部を隠し，そこをたずねて資料の価値にふれさせていく。
■2 **授業構成や発問をこう工夫する！**…教師の説明や説話が長くなればなるほど，生徒の活動や思考の時間が削られることになる。そこで，この授業を創るにあたり発問をできるだけ少なくし，生徒が考える時間を増やそうと考えた。

◀授業構成▶

0	8	10	15	20	22	28	33	38	43	45	50(分)
●導入● 愛をそそいで くれた人は？	●資料● 広告	●発問● ここには誰 が？	●発問● どんな愛を そそいだ？	●資料● CM	●発問● あなたのタイ プは？	●発問● どんな言葉 が入る？	●発問● どんな愛で こたえる？	●資料● CM	●資料● 母の日の メッセージ		●感想●

125

ねらい

親を大切にするという気持ちを具体的な言動で表現させる。　C［家族愛，家庭生活の充実］

準備

・「愛をそそいでくれた人に，愛でこたえたい。」白十字（125ページに掲載）
・東京ガスCM「家族の絆・お弁当メール」編
・国連人口基金（UNFPA）東京事務所の「『お母さんありがとう。』～母の日メッセージコンテスト～」の作品
・ワークシート生徒数分
・パソコン，プロジェクター，スクリーン

授業の実際（2年で実施）

授業が始まってすぐに「愛をそそいでくれた人」と書いたカードを黒板に貼り，次の発問を行った。

❶あなたに，愛をそそいでくれた人は誰だと思いますか。

■意図的に抽象的な発問を行い，授業への関心を高めようとする発問である。

ワークシートに書かせた後，授業にテンポをつくるために列指名で次々と発表させていった。

母親，父親，家族，親戚，兄弟，祖父，祖母，友だち，地域の人などの意見が出た。

資料1広告「愛をそそいでくれた人に，」の母親の部分を隠して提示し，次の発問をした。

❷ここには誰がいると思いますか。

■写真の一部を隠し，生徒の集中力を高める発問である。

この発問は簡単すぎると思ったが，発表が苦手な生徒や道徳授業が嫌いな生徒でも答えることができるようにしたいと考え，発問を行った。予想通り，数名の生徒に発表をさせたが，ほとんどの生徒が母親と答えた。

資料1の写真の一部を隠して提示。

❸「愛をそそいでくれた人に，」とありますが，どんな愛をそそいでくれたと思いますか。

■自分をしっかりと見つめさせ，親からの愛情に気づかせる発問である。

個人でワークシートに書いた後で，となりや後ろの友だちと意見を交流し，発表させた。

自分では気づかない愛情に気づかせるためである。また，交流させることで自分の考えに自信をもち，発表しやすくなると考えた。

・いっしょに遊んでくれた。
・しかってくれた。
・ほめてくれた。
・身の回りの世話をしてくれた。
・やさしく接してくれた。
・育ててくれた。
・抱きしめてくれた。
・おむつを替えてくれた。
・料理を教えてくれた。
・いつもそばにいてくれる。

などの意見がでた。

しかし，その気持ちをなかなか伝えられない現実があることを自覚させるねらいで，東京ガスCM「家族の絆・お弁当メール」編を1分20秒（最後のシーンを除いた）を視聴させた。

〈あらすじ〉
中学生の息子のために毎日，弁当をつくっている母親。そんな母親は，弁当に息子を励ますメッセージを込める。誕生日には「ハッピーバースデー!!」，テストの日には，「リラックス，リラッ

第5章 「社会参画」世のため人のため －社会とのつながり－

クス」，彼女ができたときには「祝!!」，夜遅くまで受験勉強をしてたときは，「がんばってるで賞（笑）」など。
　しかし，息子は弁当メッセージに何の反応も示さなかった。

　動画に出てくる弁当メッセージは教室全体で見るには切り替わりが速いため，視聴した後で，再び弁当メッセージの画像を1枚ずつゆっくりと見せていった。生徒もじっと画像を見つめていた。
　「この息子さんはお母さんのメッセージに対して反応を示さないですね」と言って，次の発問をした。

４ あなたはこの息子さんのように反応を示さないタイプですか。示すタイプですか。
　■自分の内面に，なかなか伝えられない自分があることをおさえる発問である。
　挙手で確認すると，示さないタイプの方が多かった。
　資料2「愛でこたえたい。」の「こたえたい。」という部分を隠して提示し，次の発問をした。

５ 「愛で（　　　　）」の（　　　）には，どんな言葉が入ると思いますか。
　■資料1とのつながりを確認させる発問である。授業への集中力を持続させる工夫でもある。
　・恩返し。
　・返そう。
　・恩返ししよう。
などの意見が出た。
　「正解は，『こたえたい。』です」と伝え，広告をすべて見せた。似たような答えが多かったようで，「やっぱり」「正解だ」という声が上がった。

６ 「愛でこたえたい。」とありますが，どんな愛でこたえればいいと思いますか。

　■自分を振り返り，親への感謝の気持ちをどのように表せばいいかを考えさせる発問である。
　難しい発問だと思ったが，生徒はワークシートにすぐに書きはじめた。
　・親孝行をする。
　・ありがとうという言葉を伝える。
　・優しい言葉をかける。
　・自分の夢をかなえる。
　・いつも笑顔でいる。
　・手伝いをする。
　・ごめんなさいという気持ちをもつ。
　なかには，ひとりで5つも書いた生徒もいた。

　最後に，「実は，先ほど見せたCMには続きがあったのです」と言って，最初から見せた。

〈あらすじ〉
　母親の弁当メッセージに反応を示さなかった息子だったが，中学校最後の弁当メッセージを受け取った後，空になった弁当箱に感謝の気持ちを込めた1通の手紙を入れていた。

　そのメッセージとは，
　「ありがとうってずっと言えなくてごめんなさい」だった。
　このメッセージを提示した後，教室が静まりかえった。多くの生徒の心に響いたのかもしれない。
　参観していた先生のなかには，涙を浮かべる人もいた。
　最後に，国連人口基金（UNFPA）東京事務所が行った「『お母さん，ありがとう。』〜母の日メッセージコンテスト〜」の受賞作品の一つを紹介して授業を終えた。

　「産んでくれてありがとう。生まれてきて良かったと，信じさせてくれてありがとう。幸せが遠くに求めるものではなく，毎日の生活の中にあることを，いつも気付かせてくれてありがとう。」

資料

● 「愛をそそいでくれた人に，愛でこたえたい。」（提供・白十字）

● 2010年に国連人口基金（UNFPA）東京事務所が行った「『お母さんありがとう。』〜母の日メッセージコンテスト〜」には，子どもから母親への温かいメッセージが掲載されている。

・私はお母さんにとって誇れる娘かな？　この歳になっても何の期待にも応えられなくて呆れてるかな？　親より先に死ぬのが1番の親不孝……けど，どんなに親不孝者だと言われてもいい，お願い，私より先に死なないで。長生きして。大好きだから。
・有難う，ありがとう，アリガトウ，どれだけ言葉を重ねても足りない……今，この瞬間私がここに在ることも，貴方のおかげです。心からの感謝の思い，届きますように。
・お母さん，かなり遅い反抗期で，いろいろ言って悲しませてごめんなさい。今なら，お母さんの気持ちも分かります。精一杯育ててくれた事も，ずっと大切に思ってくれている事もわかります。私も息子を一生懸命，大切に見守ります。

国連人口基金のウェブサイトより

生徒の感想

・「親からの愛」を今日初めてこんなに考えた。親からの愛を当たり前と思っていた。けど，いっぱいいっぱい愛をもらっていることに気づいた。今日は，家に帰ったらありがとうを伝えたいと思う。それと，これからもずっと親不孝をせず，親孝行をしていきたいと思った。自分もお母さんみたいなお母さんになりたいと思う。
・とても心に残る授業だった。これからは，親に「ありがとう」「ごめんなさい」と言える人になりたい。
・自分に愛情をたくさんそそいで一生懸命育ててくれたたくさんの人に感謝の気持ちをもちたい。はずかしいけど，親に「ありがとう」と言いたい。
・親に感謝の気持ちをきちんと伝えようと思った。
・親に心配をかけないようにしたいと思った。
・今日の授業で，今まで自分がどれだけ，お父さんやお母さんに愛をもらっていたか，よくわかった。今まで，恥ずかしくてあまり伝えられなかった「ありがとう」や「ごめんなさい」をしっかりと伝えていきたい。

（長崎県　山中太）

第5章 「社会参画」世のため人のため －社会とのつながり－

1年 / 2年 / 3年

学級がひとつになるとはどういうことかを考える

2. 何のために歌うのか

感　動	★★★
驚　き	★★☆
新たな知恵	★☆☆
振り返り	★☆☆

CD-ROM 5-2 授業用パワーポイント

　合唱コンクールは，「コンクール」である以上，順位が付きます。たしかに金賞（上位入賞）は合唱コンクールの大きな目標のひとつかもしれません。しかし，金賞や上位入賞ばかりを目標に取り組ませると，合唱コンクールの本来の目的を見失ってしまうことがあります。そもそも合唱コンクールの目的は，よい学級作りにあるはずです。合唱コンクールの練習が熱を帯びてきたときや，学級が今ひとつ合唱に集中できないときに行いたい授業です。

『プチ紳士からの手紙72号』で授業づくり！
志賀内泰弘／編集人（プチ紳士・プチ淑女を探せ！運動事務局発行）

◀資料の概要▶

　実在する中学校であったエピソードです。耳の不自由な生徒が，合唱コンクールに挑戦した話です。この生徒は耳が不自由なため，うまく音程が取れません。投げ出しそうになるこの生徒を担当の教師は，厳しくも温かく指導します。そして，この生徒の挑戦が始まります。生徒の取り組みを通して，多くの生徒が合唱コンクールの結果よりも，大きなことを学びます。

◀授業づくりのアドバイス▶

■1 資料をこう生かす！…資料を範読しただけでも，生徒を惹きつける力のある資料。この授業は，学年道徳として行った。自分の学級のみならず，多くの生徒に考えてほしいと思ったからだ。

■2 授業構成や発問をこう工夫する！…自分たちと同じ「中学生の話」であることを強調した。また，意見を交流させるため，4人の小グループでの話し合いの時間を確保した。

◀授業構成▶

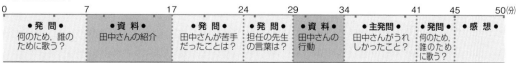

0	7	17	24	29	34	41	45	50(分)
●発問● 何のため，誰のために歌う？	●資料● 田中さんの紹介	●発問● 田中さんが苦手だったことは？	●発問● 担任の先生の言葉は？	●資料● 田中さんの行動	●主発問● 田中さんがうれしかったこと？	●発問● 何のため，誰のために歌う？	●感想●	

ねらい

学級で合唱する意味を考えさせ，合唱を通して，学級の一員として何を大事にしたらよいのかを考える。
　　C［よりよい学校生活，集団生活の充実］

準備

・プロジェクター・パワーポイント
・ワークシート生徒数分

授業の実際（2年で実施）

「学年道徳」として実施した。プロジェクターで資料や発問を投影しながら進めた。
「合唱コンクール（以下，『合唱コン』）まで，あと2週間になりました」と言って，最初の発問をした。

❶みなさんは何のために歌うのですか。

■生徒の勝ち負けにこだわる態度を確認する発問である。そして，資料を通して生徒の発想を転換させるための発問である。
生徒はきょとんとしながらも以下のように答えた。
・金賞を取りたいから。・団結したいから。
・感動したいから。　　・歌が好きだから。

❷誰のために歌うのですか。

■合唱コンに対する気持ちを焦点化させる発問である。
・学級のみんなのため　・実行委員のため
・中学校のため
・聞きに来てくれる人のため

そこで「愛知県にある中学校での話を紹介します」と説明してパワーポイントを使い，その学校のことを簡単に紹介した。資料の主人公が，中学生であることを確認した。
「この中学校の2年生に，田中あずささんという女子中学生がいました」と説明した。生徒は自分たちと同じ年代の生徒の話だからか，集中して話を聞いていた。

「田中さんは，駅伝の選手で，ハンドボールJOCジュニアオリンピックの愛知県代表選手でした。また，田中さんはスポーツだけではなく，掃除が大好きで，男子トイレの便器でさえ素手で掃除をしてしまうような生徒だそうです。ひと言で言えば『がんばり屋』なのですね」と，運動だけではなく，生活態度もすばらしいことを伝えた。

❸田中あずささんには1つだけ苦手なことがあったそうです。それは何だと思いますか。

■模範的な生徒であった田中さんのもう1つの個性を考えさせる発問である。
「勉強」「友だち関係作り」等が出たが，最初の合唱コンの説明に気がついた生徒から「歌？」という意見が出た。「そうです。歌が苦手だったのです」と説明した。合唱コンの練習中だった生徒たちは自分の学級にいる歌の苦手な生徒のことを思い浮かべていたようだ。
「歌が苦手だったのには理由がありました。田中あずささんは，5歳のときから耳が不自由だったのです。耳が不自由なので，音程を正しくとることができませんでした。そこで，田中あずささんは，担任の伊藤正明先生に，『私が歌うと賞がとれない』と訴えたそうです」と説明して，次の発問をした。

❹この訴えに対して，担任の伊藤先生は何と答えたと思いますか。

■担任の予想外な対応から，田中さんへの愛情に気づかせる発問である。
・指揮者をしたらどうだ？
・口だけ合わせて動かそう！

「伊藤先生は『おまえのせいでソプラノが狂ってるんだ。田中が歌わなきゃ勝てない』とおっしゃったそうです」と説明すると，生徒からは「えーっ！　厳しい」「ひどい」などの反応が出た。
「実は，伊藤先生は田中さんの負けん気の性格を知っていたのです。だから，あえて叱ったそうです。そして，翌朝，伊藤先生が出勤されたら驚いたことがあったそうです。校舎の外から歌声が聞こえてきたのです。田中さ

第5章 「社会参画」世のため人のため ー社会とのつながりー

んは校舎の鍵が開く前、1人で練習するため、朝6時前から待っていたのだそうです」と、田中さんのがんばりを伝えた。生徒は、静かに話を聞いていた。
「田中さんが作文でこんなことを書いています」と言って、次の言葉を提示した。

> 「田中が歌わなきゃ勝てない」。あの言葉が本当にうれしかったです。2年5組のためにみんなを信じて歌います。伊藤先生を泣かせます！
> （志賀内泰弘／編集人『プチ紳士からの手紙72号』プチ紳士・プチ淑女を探せ！運動事務局発行）

「合唱コン当日、田中あずささんは体全体を使い、思いっきり歌いました。ただ、音程は最後まで合いませんでした。そして、結果は3位入賞でした。2年5組全員の心が一つになった結果でした」と説明すると、生徒たちはさまざまな表情で聞いていた。

5 田中さんは「今まで生きてきた中で一番うれしかったこと」というテーマの作文で、何を書いたと思いますか。
■田中さんの意外な答えから、自分たちの合唱コンへの取り組みを考えさせる主発問である。

大事な発問なので、4人程度の小グループで話し合わせた。生徒は自分たちの合唱コンへの取り組みを振り返りながら話し合っていた。
・3位に入賞できたこと。
・クラスが一つになれたこと。
・先生が厳しく指導してくださったこと。
・努力できたこと。
・歌が歌えたこと。

「田中あずささんは、『耳が聞こえなくなったこと』と書いています」と説明した。予想外の答えに、生徒は沈黙していた。
続けて田中さんの作文を紹介した。

> 今も、名古屋にある大学病院に通っています。耳が聞こえなくなり他人からは不幸だと思われるかも知れませんが、私は幸せです。
> （前掲誌）

ここでは資料に浸らせたかったので、「なんで幸せなんでしょう」と、軽くたずねた。少し間を置いて、続きを読んだ。

> 多くの優しい友達と出会うことができたからです。たくさんの気遣う言葉をかけてもらえるからです。〔中略〕
> 声をかけてくれたみんなへ、ありがとう。
> （前掲誌）

生徒は静かに聞いていた。思いもしなかった田中さんの考えに、さらに驚いた様子だった。

6 もう一度聞きます。みなさんはなぜ歌うのですか。みなさんは誰のために歌うのですか。
■導入時の自分の考えが、授業を通してどう変容したか確認させる発問である。

ここでは発言させず、各自ワークシートに記入させた。机間指導した結果、「自分の成長のため」「自分の学級をよりよくするため」「感謝の気持ちを表すため」「誰かを幸せにするため」「支えてくれるクラスみんなのために」等の意見が書かれていた。最後に授業の感想を書かせて、授業を終えた。

この授業は、「学年道徳」として全クラス対象に実施した。授業後、各学級の担任から、以下のような感想が出された。
・合唱コンの練習に対する意識が変わったせいか、より集中した練習ができるようになった。
・勝ち負けにこだわり、歌が苦手だったり、下手だったりした生徒に対して、きつく当たる生徒はいなくなった。

どの学級も合唱練習に対する意識が変わった。そして、今までは他の学級に対して、練習を公開しなかったが、進んで練習を見せ合ったり、下級生の学級と合同で練習し合ったりする風景が多くなった。
合唱コンの結果発表時にも、他の学級のがんばりをたたえ合っていた。
生徒たちは合唱コンを通して多くのことを学んでいた。

資料

　伊藤先生には，特に思い出深い一人の生徒がいました。1，2年生の時に担任をした田中あずさんです。彼女は，5歳の時に左耳が聞こえなくなり難聴というハンデを負っています。伊藤先生は，教室では前の方の席にするなど配慮をしてきました。しかし，本人はそんなことにはめげず大変活発で，駅伝の代表選手に選ばれたり，ハンドボールではJOCジュニアオリンピックにも愛知県代表として出場したりしました。また，掃除が大好き。なんと男子トイレの便器でさえも素手で掃除をするという女の子です。ところが，そんな頑張り屋さんでも困難なことがありました。歌うことです。2年生の合唱コンクールの練習でのことでした。本人は一生懸命歌っているつもりなのですが，左の耳が難聴であるため，音程を正しく取ることができないのです。彼女は泣きながら伊藤先生に，「私が歌うと賞がとれない」とこぼしました。伊藤先生は，心を鬼にして言いました。「お前のせいでソプラノが狂ってるんだ」。いくら頑張っても皆に迷惑をかけてしまうと思うと，自信がなくなり，声が小さくなっていたのでした。一見，「なんて冷たい……」と思えるような言葉ですが，伊藤先生は彼女の負けん気の性格を知っていて，あえて叱ったのでした。続けて「田中が歌わなきゃ勝てない」と言うと，彼女は再び大きな声で泣きながら歌い始めたそうです。翌朝のことです。早くに出勤した伊藤先生は，校舎の外から聞こえてくる歌声に気付きました。それは鍵が開くのを待って，コンクールの曲を練習している田中さんの声でした。その姿を見た瞬間，涙があふれてきたといいます。なんと彼女は，一人で練習するために朝6時前から正門で待っていたらしい。その日の先生との交換ノートには，こんなことが書かれてありました。
　「『田中が歌わなきゃ勝てない』。あの言葉が本当にうれしかったです。2年5組のためにみんなを信じて歌います。伊藤先生を泣かせます！」そして，3位入賞。どうしても音程は最後まで合わなかったけれど，体全体を使って思いっきり歌ったそうです。彼女のことを理解しているクラスの生徒全員の心が一つになった結果でした。その田中あずささんの作文を紹介しましょう。

　　今まで生きてきた中で一番うれしかったこと　　　　田中あずさ
　私の学校では伝え合う力を育てるために，日直が一分間スピーチを行います。先日のテーマは，「今まで生きてきた中で一番うれしかったこと」でした。私が一番うれしかったことを考えたとき，耳が聞こえなくなったことが思い浮かびました。私は5歳の時，左耳が聞こえなくなりました。今も，名古屋にある大学病院へ通っています。耳が聞こえなくなり他人からは不幸だと思われるかも知れませんが，私は幸せです。多くの優しい友達と出会うことができたからです。たくさんの気遣う言葉をかけてもらえるからです。前は，席替えが大嫌いでした。いつも前の方の席で，みんなに申し訳ない気持ちになるからです。でも，こんな気持ちを救ってくれたのは，優しい友達の言葉でした。これからも席替えは特別な席になると思います。そのときはごめんなさい。そして，声をかけてくれたみんなへ，ありがとう。

　驚きました。「耳が聞こえなくなったこと」が，「一番うれしいこと」だというのです。たくさんの友達ができ，周りのみんなから，気遣う言葉をかけてもらえるからと。きっと辛い目にも遭っているに違いありません。それなのに……。〔略〕

　　　　　　（志賀内泰弘／編集人『プチ紳士からの手紙72号』プチ紳士・プチ淑女を探せ！運動事務局発行）

（東京都　合田淳郎）

第5章 「社会参画」世のため人のため －社会とのつながり－

1年
2年
3年

問題解決に向かう心を育てる

3. クマともりとひと

感動	★☆☆
驚き	★★☆
新たな知恵	★★☆
振り返り	★★☆

CD-ROM
5-3
授業用
パワーポイント

　現在日本では，高齢社会や人口減少，地域間格差など多くの社会問題を抱えています。そして，これらの社会問題はこれからさまざまな国でも起こることであるといわれています。日本には社会問題解決の先進国としての立場が求められています。よりよい社会の実現に向けて，自分たちの可能性を信じ，積極的に今日的課題と向き合う心を育てたいと思い，この授業を創りました。

『クマともりとひと』森山まり子（合同出版） で授業づくり！

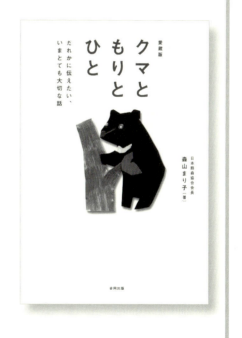

◀資料の概要▶
　ある新聞記事から自分たちの住む兵庫県のツキノワグマの減少を知った中学生たちが，野生動物と自然環境の保護のための取り組みを始める話。さまざまな役場や研究機関，団体と関わり合いながら，自分たちでできることをひたむきに続けていく。

◀授業づくりのアドバイス▶
1️⃣資料をこう生かす！…資料の中学生たちがたどった足跡をプレゼンテーションソフトでまとめた。実践例などは生徒の関心を高める効果があるが，説明に多くの時間をとられてしまうため，プレゼンテーションソフトで時間を短縮した。
2️⃣授業構成や発問をこう工夫する！…中学生の取り組みであったことを伏せて，途中まで授業を進めた。驚きを演出することにより，資料に強く引き込むことができる。

◀授業構成▶

0	8	14	18	33	38	48	50(分)
●資料● 『クマともりとひと』	●発問● 何をしようとしていた？	●発問● どんな人たち？	●資料● 苦労話ダイジェスト		●発問● なぜ，あきらめなかった？	●発問● 目的を成し遂げるためには？	感想

133

ねらい

立場や年齢にかかわらず、社会的な問題と向き合い、解決に向けての挑戦が可能であることを理解する。

C ［社会参画，公共の精神］

準備

・『クマともりとひと』
・パソコンとプロジェクター

授業の実際（3年で実施）

「あるお話を紹介します」と言って，プレゼンテーションソフトのスライドを使い，『クマともりとひと』の4〜103ページまでの話の流れを要約して著者らの取り組みを追った。書籍の写真等を使いながら，生徒がイメージしやすいように配慮した。

後で，生徒たちに驚きを与え，資料へ引き込むために，中学生が行ったことは伏せている。

次々と挑戦を続ける彼らの行動に関心を示しているようだった。

> ＜103ページまでの概要＞
> 人里におりてきたクマを射殺した地元の新聞記事をみつけた中学生が，自然林の問題にたどりつく。自分たちで調査を進めながら，さまざまな難問を乗り越え，行政や関連団体への呼びかけを続け，ついには環境庁（現在の環境省）を動かすまでに至った。
> （森山まり子『クマともりとひと』合同出版）

そして，最初の発問をした。

❶この人たちは何をしようとしていたのでしょう。

■話の内容を整理し，活動を続けた著者たちの目標や目的を考えさせる発問である。

生徒からは次のような発言が出た。
・生物の保護。
・野生のツキノワグマを救いたかった。
・クマが過ごせる森を守りたかった。
・自分たちが安心して暮らせる環境を作りたかった。
・自分たちが壊したものをとり返す。

資料の中の彼らが，環境庁の発表を出させるまでに，数々の目標を設定したことに注目させたい。今，できることを探し出し，一つひとつを乗り越えていく様子を確認することが，目標達成に向けての大切なプロセスになることの確認にもつながる。

❷この人たちはどんな人たちだと思いますか。

■自分たちと同じ中学生が成し遂げたという事実によって，自分たちのもっている可能性を感じさせたい。

ここまで自由に発言をさせながら授業を進めている。

生徒からは次のような発言が出た。
・環境団体のグループ
・地元の役所の人たち
・SNSの呼びかけで集まった人たち

ひと通り意見が出終わったところで，事前に調べておいた，活動している中学生の画像を見せた。「えっ，中学生？」という声が聞こえた。やはり役場に訪れたり，営林局に出向いたり，行動がどこか大人びている印象を受けるようで，中学生であることに驚いていたようだった。

この画像のように授業のなかで驚きを用意できるような素材があれば，資料への関心を効果的に高めることができるのでぜひ利用したい。画像がなければ「実はみなさんと同じ中学生です」と説明するとよい。

「みんなと同じ中学生だったんですね。最初に彼らの活動を知ったときは私も驚きました」と共感し，「やっぱりいろんな苦労があったみたいですよ」と言って，資料1（136ページに掲載）を配付し，範読した。読み終えたところで，次の発問をした。

第5章 「社会参画」世のため人のため ―社会とのつながり―

❸たくさんの苦労があったのに，なぜ彼らはあきらめなかったのでしょう。
■彼らの目標達成の理由を考えさせる発問である。

数分時間をとって考えさせた。
・自分たちがやらなかったら，クマが絶滅してしまう。
・クマを守れるのは自分たちだけという強い意志がある。
・可能性が残っていたから，あきらめる理由がなかった。
・支えてくれる人がいたから。

彼らが達成したかったのは，単に自己満足だけではないことをおさえたい。複数の生徒から，さまざまな視点でみた理由を聞き合うことにより，競い合いの先にあるものを勝ち取ることだけが目標達成ではないことに気づかせたい。

❹目的を成し遂げるために必要なことは何でしょうか。
■資料から少し離れ，普遍的な真理を自分のなかに見つけるきっかけとしたい発問である。

しっかりと時間をとった。
・あきらめないこと。成功の自分をイメージしたり，自分を信じたり。
・誰かのためにという思いが大切。喜んでもらえる姿を想像すると力になる。
・不屈の精神。そこにどれだけの思いがあるのか。
・何のためにやっているのか，という理由が大切。その理由が継続したエネルギーになるから。

指名して発言をさせた。「どうしてそう思うの？」という切り返しを必ず行った。その生徒の考えることを他の生徒にも深く理解してほしかったからである。大切に思うことはみんな違い，それぞれのその思いを大切にし合ってほしいという意図がある。

最後に資料2を配付し，範読した。

【資料2】
「声を上げなきゃだれにもわからん。行動しなくちゃなんにも変わらん」

18年前，中学生だったかれらがさかんにいっていた言葉です。
当時から子どもたちは，だれが奥山をこんなに荒らしたんや，だれが悪いんやと，人を責めるようなことは決していいませんでした。
「先生，むかしスギやヒノキがいいと思って大人たちがみんな植えた。それはそれでいいやん。でもいまは大変な弊害が起きてるって自分たちが気がついた。気がついたもんが動いたらいいやん」
これが，子どもです。ほんとうに子どもってやさしいのです。熊森の活動に賛同する人たちが全国各地からたくさん集まってきてくださるようになりました。
「みなさん方のいわれることわかる。前からおかしいと思ってたんですよ」
「森の荒廃や野生鳥獣の大量駆除に対して，胸が痛かったんです」
わたしは，
「……あの，思っているだけではだめですよ」
かつて中学生がいっていたことをそのままくり返します。
「声を上げなきゃ。行動しないとなんにも変わりませんよ」
(前掲書)

感想を書かせて授業を終えた。
・中学生がやったことというのが驚いた。自分たちでも社会を変えることができるのかなぁと考えた。
・自分たちが無理だと思っていても，中学生でもできることがあることがわかった。環境問題に関するニュースを見てみようと思った。
・行動してみることの大切さを感じた。まずは行動。結果は後からついてくる。

●資料1

　勉強すればするほど，日本の森と動物と奥地の人びとが大変だーと，わたしたちは，もう危機感でいっぱいになっていきました。
　生徒たちの動きは，とても早かったです。まずクマの絶滅を止めようということになり，ありったけのテレホンカードを集め，まだクマが残っている兵庫県北部の雪国地帯の町役場に，つぎからつぎへと電話をかけ出しました。
「兵庫県のツキノワグマが絶滅寸前です。殺すのをやめてください！」
「クマ守れ?!　わしらとクマとどっちが大事なんや。許さんぞ」
　どなたもカンカンでまったく聞く耳を持ってくれません。

(森山まり子『クマともりとひと』合同出版)

　行政の方たちからは，
「クマ守れなんていってきたの，あんたらだけや。おかしいんじゃないか」
と，怒られ，
「ウシやブタを食べてるもんがクマ守れ?!　そんなの，女，子どもの感傷じゃ」
と，ばかにされ，さんざんな結果ばかりでした。

(前掲書)

　生徒たちは守りたい一心で，いろんなことを調べています。一方，有害駆除の許可を出している行政には，クマ絶滅への危機感やクマたちへの共感が感じられません。
　生徒たちは1時間半ねばりましたが，とうとう，
「忙しいので，もう帰ってください」
と，いわれてしまいました。
　帰り際，一人の男子生徒が大声でいいました。
「最後に一つお願いがあります。兵庫県の人工林，ストップしてください！」
「なにをばかなことをいい出すんだ。兵庫県はこれからどんどんスギやヒノキを植えていきます」
　係官は，怒ったようにいわれました。〔中略〕

　県庁を出て生徒の各会の会長たちは，ぼう然として歩き続け，ＪＲの駅のプラットホームの上で無言で立ちつくしていました。
　わたしはなんだか生徒たちがとてもかわいそうになって，思わず，
「県庁なんて来なければよかったね。ごめんね」
と，あやまりました。動物を絶滅から救おう，豊かな森を守ろうと，あんなに一生懸命調べ，毎日毎日動き回った中学生は，日本中探しても，世界中探しても，絶対にいません。でも，怒られただけで終わったのです。
　すると，一人の生徒がこういい出しました。
「先生，今日，県庁に行ってよかったですよ。大人の世界って，汚いんですね。だんだんわかってきました。ぼくら，あんなに調べていったのに，中学生と思って，みんななめていましたね。ぼくら，これから猛勉強して，調べたことをあの人たちに必ず聞かせてみせます」
　この後，各会の会長たちはホームの上で，堰を切ったように，「大人がクマたちを守らないのだったら，中学生の自分たちが守ってみせる」と，一人ずつ，力強く誓いはじめました。

(前掲書)

(栃木県　和氣臨太郎)

第5章 「社会参画」世のため人のため ―社会とのつながり―

1年
2年
3年

人のためにできることのすばらしさ
4. クリスマスにはおくりもの

感動	★★★
驚き	★★★
新たな知恵	★☆☆
振り返り	★☆☆

CD-ROM
5-4
授業用
パワーポイント

　中学生は親から自立するとき。ところがまわりのていねいな風潮が邪魔してか，何でもやってもらって当たり前のような空気を感じます。もう自分はいつまでも与えられる立場ばかりでなく，与える立場にもなるんだということに気づかせたい，与える喜びを知ってほしいと願って創った授業です。

『クリスマスにはおくりもの』 五味太郎（絵本館） で授業づくり！

◀資料の概要▶
　おくりものをあげようとしたサンタクロースが，逆に準備されていたおくりものをもらう……。おくりものをもらうのが「当たり前」のクリスマスだが，この絵本は贈る喜びを描いている。中学生にも気づいてほしいと思わせる絵本。

◀授業づくりのアドバイス▶
1️⃣ 資料をこう生かす！…資料として絵本を使う方法は，主資料として使うか，終末に「お話」として授業で伝えたい内容のイメージを説話的に与えるかの2つの方法が考えられる。今回はそのミックス的な使い方である。
2️⃣ 授業構成や発問をこう工夫する！…最初の問いと次の問いは「人にしてもらったこと」と「人のためにしたこと」。発表のペースや板書量にも大きな差が出る。そのことからも，今，いかにまわりの人たちから何でもしてもらっているのかを自覚させることができる。

◀授業構成▶

0	8	14	18	26	30	40	47	50(分)
●発問● 他の人にしてもらったこと？	●発問● 他の人のためにしたこと？	●資料● 絵本『クリスマスにはおくりもの』	●発問● サンタさんはなぜ「おや」と言った？	●資料● 絵本『クリスマスにはおくりもの』	●発問● サンタさんは何を思った？	●発問● 最後の女の子の言葉？	感想

ねらい

「与える喜び」に気づき，自分もその立場になりたいという気持ちを育てる。
　　　　　　C［社会参画，公共の精神］

準備

・『クリスマスにはおくりもの』
・実物投影機

授業の実際（2年で実施）

「昨日の一日の生活を思い起こしてください。朝，目を覚ましてから，夜，眠るまでですよ」と言って，最初の発問をした。

１ あなたが「他の人にしてもらった」ことを，30あげなさい。

■自分がいかにまわりから支えてもらっているか自覚させる発問である。

列指名で一人一つずつどんどん答えさせていった。答えられなくなったら，挙手で答えさせた。

・朝，起こしてもらった。
・朝ご飯を作ってもらった。
・学級通信を作ってもらった。
・交通指導をしてもらった。
・朝，見送ってもらった。
・洗濯してもらった。
・給食を作ってもらった。
・給食の配膳をしてもらった。
・教室の掃除をしてもらった。
・トイレの掃除をしてもらった。
・授業をしてもらった。
・配付物を持ってきてもらった。
・黒板を拭いてもらった。
・夕ご飯を作ってもらった。
・教室の鍵を開けてもらった。
・部活動の指導をしてもらった。
・お風呂を沸かしてもらった。
・ネットが使える。
・ゲームが使える。

どんどん発表が続いた。これらを板書していくと，黒板にかなりの文章が書けた。

２ 逆に，あなたが「他の人のためにした」ことを，30あげなさい。

■支えてもらっていることに比べると，人のためにしていることがいかに少ないかを自覚させる発問である。

・日直の仕事をした。
・授業で友だちにアドバイスをした。
・掃除でみんなのためにがんばった。
・お風呂掃除をした。
・ごみ出しをした。
・弟をお風呂に入れ，頭を洗ってあげた。
・給食で他の人の配膳を手伝った。
・プリント配付を手伝った。
・先生が椅子を運んでいるときに手伝った。

これも列指名で答えさせたが，なかなか出てこない。板書していったが，先の問いと比べてとても少ない。書くのに苦戦することで，いかに自分がまわりから何でもしてもらっているかに気づいたようであった。また，あげられたもののなかで，掃除以外は，全員の取り組みでなく，個人の取り組みであることを確認した。

「まわりからしてもらうことがこんなにあるのに，まわりのためにしていることは，本当に少ないですね」と確認した。

「今日はこの絵本を使って授業をします」と言って，絵本『クリスマスにはおくりもの』を見せると，一人の生徒が知っているようであった。「後で，この話の続きを問うことがありますので，そのときは答えないで我慢してね」と説明した。

実物投影機で絵を見せていく。サンタクロースが靴下におくりものを入れようとしたとき，「おや」と言うところまで（1〜10ページ）読んでいく。ここまでを資料の前半とする。

３ サンタクロースはなぜ「おや」と言ったのでしょう。

■与える側の視点への出会いを印象づけるための発問である。

第5章 「社会参画」世のため人のため －社会とのつながり－

挙手した生徒に当てた。
・プレゼントを忘れた。
・何をプレゼントするのかわからなくなった。
・子どもと目が合った。
笑い声が出るような楽しい雰囲気の中で答えていった。
「靴下の中を見てサンタクロースは『おや』と言っています。何か入っているのです」とヒントを出すと、「お礼の手紙」という言葉が出た。「いいえ、実は……」と言って、すでに絵本を読んでいて発表を控えていた生徒に言わせると、「たしか、プレゼントが入っていたと思います」と答えた。他の生徒から、先に親が入れていたのかと問うと、その子どもからサンタさんへのプレゼントだと言うと、その意外さに驚いた様子であった。
続きを実物投影機で30ページまで見せていく。

> <概要>
> サンタさんはおくりものを持って家に戻り、朝、開けてみると靴下が入っていた。
> サンタさんは女の子と同じ教会で会う方であった。
> （五味太郎『クリスマスにはおくりもの』絵本館）

そして29、30ページの言葉「すてきな女の子になったものだ　サンタクロースはそう思います」という言葉の、『すてきな女の子になったものだ』の部分には付箋紙を付けて隠しておく。そのページを見せて、次の発問をした。

❹サンタクロースであるこの年配の方は女の子を見ながら、何を思ったのでしょうか。付箋紙で隠してあるところに入る文章を考えなさい。

■与える側へ立つことのすばらしさに気づかせるための発問である。
4人班で考えさせた。本を読んだことがある生徒も、よく覚えていないとのことだったので、一緒に考えさせた。その後、次のような予想が発表された。

・しっかり者になったなあ。
・なんてすばらしい子なんだ。
・また、来年は何をあげようかな。
「ここには、『すてきな女の子になったものだ』という言葉が入っていました」と言って、付箋紙を外した。
さらに絵本について、次の問いをした。

❺最後のページに、この女の子の言葉が書いてあります。どんなことが書いてあると思いますか。

■与える側へ立っている女の子の姿勢への驚きを感じさせるための発問である。
2人挙手したので発表させた。
・ありがとうサンタさん。
・靴下をはいている人がサンタさんだったんだ。
最後のページを見せ、「来年のクリスマスにはてぶくろをあげよう。女の子はそう心の中で決めました」と読み上げた。「すごい」という声が出たので、どこでそう思ったか聞くと、「女の子はもうすっかり与える側の気持ちになっている」とその生徒は答えた。
「アメリカのケネディ大統領は、『国家に対して何を望むかよりも、自分が国家に何を奉仕できるかを考えるべきである』と国民に訴えたことがあります。これをみなさんに当てはめるならば、『親に対して何を望むかよりも、自分が親に何を奉仕できるかを考えるべきである』『学校に対して何を望むかよりも、自分が学校に何を奉仕できるかを考えるべきである』となるでしょう。先の問いで、みなさんは他の人のために自分がやっていることをあげました。すばらしいですね」と話した。
そして、「今、考えるとこれもあったなあというのがあれば追加して書いてください」と指示をした。生徒は、委員会の仕事など自分でできることを書き加えていった。
最後に授業の感想を書かせて終わった。

生徒の感想

- 中学生はあまり小学生と変わらず，家族や先生に守られているんだなあと思いました。掃除や委員会や係活動などでしっかり人のためにがんばりたい。そういう意味でも大切なんだなと気づいた。
- 本当に何でもしてもらっていることはちょっと情けない。もう少し成長したら，してもらうことを少なくし，人のためにできる人になりたい。そっちの方がいい。

この絵本を活用した別の展開例

　クリスマスを前にした道徳の時間に実施した。授業のねらいは，「家族をはじめとする多くの人の善意や支えによって，今の生活があることに気づかせるとともに，他者の親愛なる善意に対して，相手の心に応えようとする心情を培う」と，家族愛をテーマにした授業として構成した。主な発問と授業の流れは，次のとおりである。

1 もうすぐクリスマスですね。サンタさんへの願いごとがありますか。それは，どんなことですか。

　ゲーム機や携帯端末などさまざまなほしいもの，願いごとが出てきた。ほとんどが自分自身に関するものであった。それぞれについて受け止めた後，次の発問へつなげた。

2 クリスマスに，サンタさんからプレゼントをもらえるのは当たり前のことでしょうか。

　「当たり前である」「当たり前ではない」，両方の意見があった。そこで，クリスマスを前にみなさんに紹介したい絵本がありますと言って，絵本『クリスマスにはおくりもの』を最後のページの手前まで読み聞かせた（絵は実物投影機で提示した）。

3 最後のページに，この女の子の言葉が書いてあります。どんなことが書いてあると思いますか。

- ありがとうサンタさん。
- プレゼント，よろこんでもらえたかな。

　最後のページを見せ，「来年のクリスマスにはてぶくろをあげよう。女の子はそう心の中で決めました」と読み上げた。生徒は温かみのある表情で受け止めていた。そこで，『中学校編とっておきの道徳授業Ⅴ』「涙そうそう」（山中太氏の実践）から，「ぼくがサンタになったら……」（『あなたの涙そうそう』）を要約した資料を配付し，説明を加えながら読んだ。

4 あなたがサンタになったら，誰にどんなものを贈りますか。

- 親に〇〇大会の賞状。（部活動をがんばっている生徒）
- おじいちゃんに励ましの手紙。（おじいちゃんは病気で入院中）

　「みなさんにとって，すてきなクリスマスになることを願っています」と話して授業を終えた。同じ資料であっても，ねらいをどこにおくかによって，授業展開や発問は異なってくる。この絵本を手にした授業者がしっかりとしたねらいを定めて実践していただければ幸いである。

（長崎県　緒方茂・熊本県　桃﨑剛寿）

第5章 「社会参画」世のため人のため —社会とのつながり—

故郷を大切に想う心
5. まってる

感 動	★★☆
驚 き	★☆☆
新たな知恵	★★☆
振り返り	★★☆

CD-ROM
5-5
授業用
パワーポイント

　私が以前，勤めていた学校は，多くの生徒が高校進学時に故郷を離れて下宿や寮などに入るという地域にあり，家を離れて知らない世界で生活することへの不安や寂しさを抱いている生徒が大半でした。だからこそ，送り出す保護者の側の気持ちを考えたり，故郷で待っている家族のことに思いを馳せたりして，新しい場所でがんばろう，受験に向けて最後まで努力しようという気持ちをもたせようと考え，この授業を創りました。

①熊本観光PRフィルム『くまもとで，まってる』
②ゲストティーチャーの語り
で授業づくり！

◀資料の概要▶

　①『くまもとで，まってる』は，小山薫堂さんがプロデュースした熊本県の観光PRフィルムである。球磨川(くまがわ)最後の渡し舟の船頭さん，熊本の風景を撮り続ける写真家の親子，漁に出る祖父と小学生の孫など，熊本の日常の中で生きる人々を映し出している。故郷の良さがしみじみと伝わる映像である。

　②のゲストティーチャーの語りは，この土地が好きなこと，そしていつまでも忘れないでほしいという島の子どもたちへのその未来への思いがこめられた，ある生徒の祖母による話である。

◀授業づくりのアドバイス▶

1. **資料をこう生かす！**…映像の中のキーワード「まってる」。自分にとっての「まってる」を考えさせることで，「資料」から「価値の自覚化」の流れがスムーズである。
2. **授業構成や発問をこう工夫する！**…映像に出てくる地域は同じ熊本でも自分が住んでいる地域にピッタリ当てはまるものではない。その点，地域の方のゲストティーチャーを活用することで，自分のこととして振り返りやすくしている。

◀授業構成▶

ねらい

故郷で自分を応援してくれている人々の存在や家族の思いの深さに思いを巡らせ，故郷に感謝する気持ちをもたせる。

　　　　　C［郷土の伝統と文化の尊重，
　　　　　　郷土を愛する態度］

準備

- 映像『くまもとで，まってる』
- フィルムに登場する人物3組の写真

授業の実際（3年で実施）

「卒業式まで，あと何日くらいかな」「1カ月ちょっと後，みんなはどこにいるだろうね」と言うと，「うーん」というような声が多数聞かれた。入試に対する緊張と，高校生活への不安がにじみ出ていた。

「そんなみなさんに，少しほっこりする映像を見てもらいたいと思います」と話し，映像『くまもとで，まってる』の，村の船頭さん，写真家の親子，漁師の祖父と孫の部分を10分間程度，部分的に視聴させた。生徒は，静かに見入っていた。その後，となり同士で感想を聞き合い，全体で発表させた。

- 船頭さんに会いに行きたいと思った。
- 家族と海に出たことを思い出した。
- 自分も漁の手伝いをしているから，なんか気持ちがわかる。
- 自分の家族も，漁師のおじいさんのようなことを考えているのかと思った。

ここで，「どんな人が登場したかな」と問い，確認をしながら登場人物の写真を黒板に貼っていった。「出演者の共通点は何かな」と問うと，すぐに「全員，何かをまっている」という答えが出た。その後，次のような発問を行った。

1 これらの方々は，どんな理由で「まってる」と思いますか。

■資料の中の「故郷」を「自分の身近な故郷」として捉えさせ，後で「自分にも待っている人がいる」ということに気づかせる布石となる発問である。

自分ひとりで考えた後，発表させた。

- 自然や村を守るため。
- 人の成長を見守るため。
- ふるさとを離れても，ふるさとのことを覚えておいてもらいたいから。
- その土地が好きだから。
- 人の成長が楽しみだから。

発表しなかった生徒には，自分の意見はどの意見に近いか，ということで挙手をさせた。「その土地が好きだから」に手を挙げた生徒数人に，「自分が住んでいる地域のこと，好きかな」と聞くと，普段は都会志向の強い生徒も多いが，「好きです」「離れたくない」という声が返ってきた。

次に，このフィルムがただ感動的なだけではないことを話し，次の発問に移った。

2 このフィルムは，どんな目的で作られたと思いますか。

■資料をより身近に捉え，自分の中にある故郷に関する思いを引き出しやすくするための発問である。

- 観光客に来てもらうため。
- 世界遺産にするため。
- 熊本の人は「いいよ」と，他の県の人にアピールするため。
- 熊本城以外にもいいところがある，と多くの人に知らせるため。

フィルムの制作経緯を「フィルムは，九州新幹線全線開業にともなう『くまもとサプライズ』キャンペーンの集大成として作られた観光フィルムです。このキャンペーンを牽引(けんいん)したのは，私たちが住むここ天草出身の小山薫堂さんであり，フィルムの作成も小山さんです。小山さんは，熊本県の人に良いところに住んでいることに改めて気づいてもらえるものにしたかったと，制作の意図を著書の中で述べています」と説明した。

3 「いいところに住んでいる」と思えるのは，なぜでしょうか。

第5章 「社会参画」世のため人のため ―社会とのつながり―

■小山さんと自分の思いを重ね，これまでの思い出や家族・故郷への思いを明確にもたせるための発問である。

となり同士，前後で話をした後，挙手で発表させた。
・自然とか環境などがいいから。
・育ったところだから。
・家族がいるから。
・楽しい思い出がたくさんあるから。
・待っている人がいるから。

「待っている人がいるから」という意見が出たため，登場される方々の写真にもどり，それぞれが誰を待っているのかを簡単に振り返り，「あなたを待っているのは，誰かな」と聞くと，「家族」「島の人」「友だち」「昔からお世話になっている近所のおじさん」「いつも声をかけてくれる地域の人」などという意見が出た。

フィルムの中にある「それぞれの暮らしの中に，それぞれの"まってる"がある」という言葉を提示し，「卒業して島を出て行く自分たちにも，まってくれている人たちがいるんだよね」ということを確認した。

ここで，教室の後ろで参観してくださっていたゲストティーチャーを教室前方に招いた。今回は，地域に長く住んでいる女性の方（以下，「おばあちゃん」）に依頼をした。数日前に，授業のプランを説明し，この土地のことが好きなこと，そして，いつまでも忘れないでほしいということを話してほしいと依頼していた。

「おばあちゃん」は「それでは私の思いを話しますね」と，以下のような話をされた。

〈語りの概要〉
　「おばあちゃん」は，この島へ嫁いだ。漁業で活気あふれる島で，忙しく大変ながらも，楽しく仕事や家事・育児・農作業を行ってきた。
　そのうちに，家業は漁業から養殖業へと変わったが，仕事だけではなく，島の様子も変わってきた。若者が少なくなり，島の産業そのものが衰退しはじめた。

　自分の育てた男の子2人は，島で結婚し，家業を継いだが，孫たちは島を出て，そこで新しい一家を構えるだろう。寂しいけれど，それも世の流れだから仕方がない。しかし，育った場所と，育ててくれた人たちのことは忘れないでほしい。そして，それぞれの場所でがんばってほしい。

お話が終わると自然に拍手が起こった。
学級委員がお礼の言葉を言った後，「おばあちゃん」の思いは，島のみんなの思いと共通するのではないか，という私の感想を述べた。
「御所浦でまってる」という言葉を提示したうえで，次の発問をした。

❹あなたのまわりの人は，あなたの何を「まって」いますか。

■現状をふまえ，静かに現在や将来のことを考えるとともに，自分の迷いや不安と向き合わせるための発問である。

今日の感想も含めて書くよう指示をした。
実際，高校からこの島を出ていく生徒がほとんどであるだけに，生徒の自立心が感じられる文章が多く見られた。今回3年生での実施だったが，2年生の立志式でもぴったりの内容だと感じた。

生徒の感想

・家族は、今のところは、「自分が希望の学校に受かる」ことを生かっていると思います。でも、将来的には、自分が楽しそうに仕事をしている姿や成長した姿を見るのをまっている、とも思います。受験する学校を決めたとき、親は「自分の決めたことだから、文句は言わんよ」と言ってくれました。本当は、最後に残った私だけでも島に残ってほしかったのかもしれないと思います。当たり前のように、市内の学校を受けさせてくれる両親に感謝したいです。夢の中にまで「入試」が出てきて、泣いてしまうほど怖いけど、いろんな人の応援を受けて、目標に向かってがんばります。

＊家族に対する感謝がよく表れている感想である。

・私は、5年間高校で、それから5年間を東京か大阪の病院で働くので、最低10年は帰ってくることができません。その間、家族は、私が立派な看護師になることを願って、待っていてくれると思います。志望校を決めるまで、いろんなことがありました。母とケンカして、泣かせたこともあります。母は応援してくれていますが、今は私がいなくなることを寂しがっています。そんな母を見ていると、自分の決めたことが間違っているのかもしれないと思うこともあります。でも、自分で決めたことだし、応援してくれる家族やみんなのためにも、一生懸命勉強して、夢を実現させます。

＊これまでの自分や家族のことに根差した感謝や決意がよく表れている感想である。

ゲストティーチャーの活用について

　道徳の時間や総合的な学習の時間において、地域人材の方にゲストティーチャーをお願いすることが多い。『中学校編とっておきの道徳授業11』に掲載されていた「『大人トーク』の時間」では、北海道の石川晋先生の実践が紹介されており、この授業を創るうえでも参考にした。
　以下の留意点がある。
1. 事前の打ち合わせで、お話いただく内容をしっかりと伝える。指導案とポイントを書いて渡すことが望ましい。
2. お話をしていただく時間帯を伝える。ここで注意しなければならないのは、例えばお仕事を休んで来ていただいて5分間ほどしかお話いただかないのであれば、本当に必要だったのかと考えてしまう。そのようなときは出向いてお話いただいているところを撮影すれば、編集などもできて時間の心配もなくなる。今回は学校のすぐ近くで時間も十分にあるということだったのでお願いをした。
3. 許可を取ったうえで、授業の様子や最後の記念写真などを撮って、保護者や地域に発展していくことで地域に開かれた学校づくりが進められる。

●参考資料
　・小山薫堂『幸せの仕事術――つまらない日常を特別な記念日に変える発想法』
　　（NHK出版）

（熊本県　植村敦子）

第5章 「社会参画」世のため人のため －社会とのつながり－

共に生きていく

1年 2年 3年

6. 障がいのある方と共に生きること

感動	★☆☆
驚き	★☆☆
新たな知恵	★★★
振り返り	★★☆

CD-ROM 5-6 授業用パワーポイント

　中学生にとって，「障がいのある方」とこれから社会で共に生きていくうえでどのようにつながりをもっていくのかを考えることが必要です。例えば，障がいのある方へ思いやりをもつことが大切です。しかし，その思いやりをどのように言動に表すべきなのかは，不確かではないでしょうか。実際に障がいのある方の家族が経験した事実を題材に，障がいのある方とどのようにつながっていくのかを考え，心構えをつくっていってほしい。そう願って創った授業です。

「ツアーに障害者迷惑ですか」
吉沢功（読売新聞　2009年11月11日）

で授業づくり！

◀資料の概要▶

　読売新聞の読者投稿記事である。重度知的障がいのある次女のいる吉沢さんは，日帰りツアーに申し込むが，旅行会社から，前回参加したときのアンケートで，声を出して騒ぐ次女が迷惑とのことで断られてしまう。
　『道徳に新聞活用——NIEガイドブック』（読売新聞社）にその授業実践が紹介されていたが，その新聞記事を使って中学生が本気になれる展開を一から考えた実践である。

◀授業づくりのアドバイス▶

1. **資料をこう生かす！**…障がいのある方に関する記事だとわからないように，記事のタイトルを隠し，3行目と4行目の間を切りはなす。
2. **授業構成や発問をこう工夫する！**…最初に電車やバス内での迷惑行為をあげ，後半でバス内で騒ぐ障がいのある方は迷惑かどうかを問う。判断のズレを考えていく展開として，しっかり考えられるようにした。

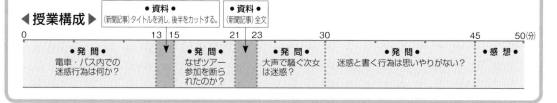

145

ねらい

障がいのある方に対してどのような心構えをもつべきか考える。C［遵法精神，公徳心］

準備

・「ツアーに障害者迷惑ですか」（148ページに掲載）

授業の実際（3年で実施）

授業開始後，いきなり問うた。

❶電車やバス内での迷惑行為にはどういうものがありますか。

■バスで大声で騒ぐのは迷惑であることを確認し，後半の発問で障がいのある方の行為が迷惑かどうかを考えさせる布石となる発問である。

一つでも思いついた人は立つよう指示をした。全員が一斉に立つ。自分の考えと同じ意見がすべて出た生徒は座らせていった。

・大きな声でしゃべる。
・電車内での電話。
・音楽プレイヤーの音漏れ。
・においがきつい物を食べる。

次に生徒が挙げた迷惑行為を一つひとつ全体で確認した。

発表した生徒に「大声で騒ぐことは迷惑なのか」と聞くとうなずいたので，「何で？」と聞くと「うるさいからです」と答えた。「どういうときに騒がれると迷惑なのか」と聞くと「寝たいときに」と答えた。「寝たいときか。寝たいときにワーワー大声で騒がれると迷惑なんだね」と言うと笑いが起きた。そして「大声で騒がれると迷惑だと思いますか」と確認すると，全員が挙手した。

そこで，タイトルと後半をカットした新聞記事を黒板に貼り，新聞記事を読んだ。

> 家族3人で日帰りツアーを申し込み，出発を楽しみにしていたところ，旅行会社の方から，遠慮していただけないかという電話を受けた。
> （吉沢功「ツアーに障害者迷惑ですか」
> 朝日新聞　2009年11月11日付）

吉沢さん一家は，過去に同じ旅行会社の日帰りツアーに参加していたことを付け加えて説明した。その後，問う。

❷なぜ，吉沢さんは旅行会社にツアー参加を断られたのでしょうか。

■障がいのある方という理由で，ツアー参加を断られたという事実に驚きをもたせるための発問である。

思いついた生徒を起立させて順に発表させ，自分の考えと同じ意見がすべて出た生徒は座らせていった。

・前回のツアーで他の客からのクレームが殺到した。

「どんなクレームなのかまで考えましたか」と確認すると「うるさかったからです」とその生徒は答えた。

その他に，「ちっちゃい子がいて，その子が騒いでしまったから」などがあったが，障がいが理由だと考える生徒はいなかった。

次に新聞の投書記事の全文が載っているワークシートを配付して，全文を範読し，問うた。

❸大声で騒ぐ障がいのある次女は迷惑であると書かれていますが，その通りだと思いますか。

■最初の発問❶で，バス内で大声で騒ぐ行為は迷惑であると，全員が挙手した。ここでは，迷惑だと挙手しないであろう。同じ行為なのに，なぜ違うのか。そのズレに迫る発問である。

1名挙手した。理由を聞くと「仕方ないことなんだろうけど，やっぱりうるさいことは迷惑だと思う」と答えた。

挙手しなかった生徒に「さっき，大声でしゃべることは迷惑だって，みんな手を挙げたよね。どうして手を挙げないの。迷惑でしょ。反論はありますか」と迫ると，2人が挙手した。

1人目の生徒を指名すると、「障がいがあるのは見てわかるから。例えば普通の人が大声で叫んでいたら、なんかうるさいなって思うけど、障がいがある子だったら、それはしょうがないかなと理解できます」と発表した。「本当は迷惑じゃないのかな」と突っ込むが、その生徒は「迷惑じゃないです」と答えた。

もう1人挙手した生徒を指名した。「（黒板を指しながら）ここに書いてあるのはまわりの人への配慮がないから、みんな迷惑だと思ったと思うけど、この吉沢さんは、いつも大声を出して申し訳ありませんとか声をかけているから、ちゃんとまわりの人にも気を配っているから、大声でしゃべられることは迷惑だけど、心のイライラさは減ると思います」と答えた。

さらに、「バスの中で寝たい人もいるし、静かにしたい人もいる。騒がれたら迷惑じゃないかな。いやじゃないかな」と揺さぶりをかけ、挙手した生徒を指名した。「いやです。けど、障がいのある方だから、健常者と障がいのある方は違うから、健常者がうるさいときはうるさいけど、障がいのある方だと普通の人とは違うから、それは平等とか人権とかを配慮しないといけない」と答えた。大声で騒ぐ行為は迷惑だと生徒は感じている。しかし、一方で障がいのある方を迷惑だなんて考えることはいけないことだと多くの生徒は思っていることが確認できた。

そこで、さらに問う。

4 アンケートに障がいのある方の次女を迷惑と書いた行為は思いやりのない行為でしょうか。
　　A：その通り
　　B：そんなことはない
■障がいのある方ならば大声で騒いでも迷惑ではないと考えた生徒の本音に迫るための発問である。

ワークシートに自分の考えを記入させる。また、黒板に発問とA：その通り、B：そんなことはない、と板書して、自分の名前が書かれたカードをA・Bどちらかに貼らせ、生徒の意見を明確にさせた。Aが10人、Bが13人であった。そして、教師のリードでAとBを討論させた。

【Aの意見】
・健常者として障がいのある方を受け入れてあげないといけないと思うから。それが健常者としての役目だから、それを迷惑と書くのは、思いやりのない行為だと思う。
・障がいのある方を受け入れないといけないと思うし、それに迷惑と書くのは思いやりのない行為だと思う。

【Bの意見】
・やっぱりいやだし、自分がやりたいことをじゃまされちゃうし、悪いとは思わない。人前でその人に言うのはかわいそうだけど、アンケートなら別にいいと思う。
・アンケートは意見をもらって、改善するためにあるんだから、正直なことを書いたことによって、障がいのある方とかの対策ができれば、それでいいだろうし、その人の親とかに知らせちゃった旅行会社の方が悪いと思う。

その意見を受けて「では、自分だったらアンケートに障がいのある方が騒いでいて迷惑だったと書くか」と聞いてみた。すると、「アンケートは正直に書くものだから別によい」と答えていたすべての生徒が「自分だったら書かない」と答えた。

そこで、なぜ書かないのかを追求した。ある生徒が、数秒悩んだ後、「車内が騒がしかったって書くと思います。そのまま障がいのある方がうるさいって書いちゃうと、旅行会社からその人に漏れてしまうと思うから」と答えた。そこで「だってアンケートは正直に書くものだから悪くないって言ったでしょ。素直に障がいのある方が迷惑だって書いてもいいでしょ。なんで書かないのかな」と聞いた。その生徒は大変悩みながら「でも、やっぱり自分は書かないです」と言った。

多くの生徒が本気で悩んでいる表情を見せていた。障がいがあるという理由だけで判断するのでなく、自分の心構えについて深く考えさせることができた。

感想を書かせて授業を終えた。

資料

ツアーに障害者 迷惑ですか

無職 吉沢 功 68
(埼玉県熊谷市)

家族3人で日帰りツアーを申し込み、出発を楽しみにしていたところ、旅行会社の方から、遠慮していただけないかという電話を受けた。

私たち夫婦には重度知的障害者の次女がいる。この会社のツアーには以前も参加したが、会社側で参加者のアンケートや添乗員の話を聞いたところ、「アー、アー」と騒ぐ次女は迷惑とのことだった。

私たちはいつも「大声を出して迷惑をかけますが、よろしくお願いします」「お騒がせして申し訳ありませんでした」と声をかけている。励ましてくれる人も多かったが、一部の人には迷惑がられていたと改めて認識した。

親として少し甘かったとは思う。だが、それでも「やはり迷惑ですか?」と聞きたい気持ちだ。「旅行に行くからね」と声をかけると、次女はリュックを持ってくる。次女を思うと、今回の件は涙が出た。

読売新聞
2009年11月11日付朝刊

生徒の感想

・障がいのある方を差別的な目で見てしまうことは、人間としてとてもおろかなことだと思った。アンケートだからといって"迷惑"と言い切ることも差別だと思う。あと障がいのある方をかわいそうと言うことも差別だし最低。人間として障がいのある方をどう見ることができるかで人間の器が決まると思う。

・自分は障がいのある方がツアーなどでいたらなどのことを考えることがなくて、今回の授業ですごく考えることができた。障がいのある方だと知っているのに迷惑と書いているのがとてもひどいと思って、そのことを伝える旅行会社の人もひどいと思った。そして、そのことに対する対策はなかったのかなと思った。

・障がいのある方が迷惑なのはわかるけど、アンケートに書いて楽しみにしていたツアーに行けなくなる人の気持ちも少しは考えてあげるといいと思う。自分の楽しみだけに3人の楽しみを奪ってしまうのは、少し違うことだと思う。そういうことをもう少し考えてアンケートに書けるとみんな気分がよくなると思う。この授業でしっかりそういうことをもう一度考え直すことができてよかったと思う。

授業後について

障がいのある方と健常者を分けてツアーを行えばいいと感想に書いた生徒がいた。そこで、次の道徳授業でこれをテーマに話し合った。

(東京都 関根洋介)

第5章 「社会参画」世のため人のため ―社会とのつながり―

1年
2年
3年

美しい生き方を考える
7. 正しいことは美しい

感　動	★★☆
驚　き	★★☆
新たな知恵	★★☆
振り返り	★☆☆

CD-ROM
5-7
授業用
パワーポイント

　　2014年のサッカーワールドカップブラジル大会。残念ながら日本は予選リーグで惜敗しましたが，世界の新聞に取り上げられたことがあります。試合後にゴミを拾う「日本のサポーター」の姿を世界が称賛しました。それは今に始まったことではなく，受け継がれているという事実を伝えるとともに，中学生に「正しいことは美しい」という思いをもちながら学校生活を送ってほしいと願い，この授業を創りました。

「水や空／来た時よりも美しく」
長崎新聞　2014年6月20日

で授業づくり！

◀資料の概要▶
　ちょうどワールドカップサッカー大会で日本中が沸いていた時期，長崎新聞のコラムに日本人のサポーターに関する記事があった。世界中ではこのサポーターの行為を「試合には負けたが，人間性は負けてない」と賞賛した。一方でサポーターが人権上の問題になることをする例もある。この対照的な内容を資料として扱う。

試合終了後，スタンドのゴミを拾う日本人サポーターら
（写真提供：時事）

◀授業づくりのアドバイス▶
1 **資料をこう生かす！**…資料として新聞記事を使った。短い資料をポイント的に使うことで，事実をより深く印象づける。
2 **授業構成や発問をこう工夫する！**…日本のサポーターが，ゲームの応援をするだけでなく，エチケット，マナーとして試合後に「ゴミ拾い」という行為を行っている。その行為を考えさせるだけでなく，学校での様子など，自分たちがしていることをみつめなおす場にする発問を考える。

◀授業構成▶

0	導入	8 発問 12	ダニエウ選手はどうした？ 14	18 発問	22 発問	26 資料	30 発問	36 資料	40 発問	45 感想	50(分)
	ワールドカップサッカーのこと，サポーターの行為	この行為をどう思うか？	どう思う？	日本のサポーターはするか？	ワールドカップの日本の行為？	(日本のサポーターについての新聞記事)	日本の文化とは？	(新聞のコラム)	人として行うべき当然のこととは？		

ねらい

日本や世界のサッカーサポーターの姿から、「正しいことは美しい」という思いをもたせる。　　　　　C［遵法精神，公徳心］

準備

・大久保嘉人選手の写真
・うなだれて座り込む長友佑都選手に手を差し伸べ慰めるコロンビア選手の写真（2014年6月25日　日本代表vsコロンビア代表）
・資料1　「サッカーW杯日本サポーター世界が称賛　敗戦後にゴミ拾い」（読売新聞2014年6月18日付）
・資料2　「水や空／来た時よりも美しく」（長崎新聞2014年6月20日付）
※資料1，2とも152ページに掲載

授業の実際（1年で実施）

　ワールドカップサッカーブラジル大会で日本人選手が活躍している写真を何枚か見せた。長崎県にゆかりのある大久保嘉人選手や、負けた日本の長友佑都選手に手を貸す相手チームの姿などの写真を提示し、興味を高めて授業に入った。
　「今回のワールドカップ、日本の成績は予選リーグで4位、決勝リーグには上がれませんでしたが、なかには何十万円もかけて現地まで行って応援をしたサポーターの人たちもいます」と説明し、「サポーター」と板書した。「各サッカーチームや各国代表等にはサポーターがいて熱心に応援をします」と補足した。
　「ところでワールドカップではないのですが、サッカーのサポーターが相手チームの選手に対して驚くようなひどい行為をしたというニュースがありました。サッカーのスペイン1部リーグ、バルセロナのブラジル代表ダニエウ・アウベス選手が、アウェーのビジャレアル戦で観客からあるものを投げ込まれるという、人種差別行為を受けたのです」と言うと、知っている生徒がすぐ「バナナ」と答えた。次の発問につなげた。

❶このようなサポーターの行為をどう思いますか。

■サポーターの正しくない姿に視点を当てる発問である。

・人種差別ととれるこんなことはしてはいけない。
・ダニエウ選手はよくぶち切れなくて、我慢したと思う。
・自分だったら切れてそのあと試合にならないかもしれない。
・自分がダニエウ選手だったら、なぜバナナが投げ込まれたのか気づかないかもしれない。
・投げ込んだ人は応援するチームの応援の方法を反省してほしい。

❷ダニエウ選手はどういう行動をしたと思いますか。

■ダニエウ選手のとった意外な行動に印象的に出会わせるための発問である。

　知っている生徒に答えてもらった。「バナナを食べてから試合に戻った」と説明すると、「えっ」「試合中にですか」という声が数人から上がった。「そうです。ダニエウ選手は、その投げ込まれたバナナを拾い、皮をむいて食べてからコーナーキックを蹴ったそうです。新聞によるとダニエウ選手は試合後、『ずっとこういうことがある。そんなことをする相手を笑ってやらないといけない』と話したそうです」と説明した。
　すかさず、次の発問をした。

❸この行為をどう思いますか。

■行動のすごさを確認する発問である。

・差別に対抗している。
・すばらしい。
・すごい返し方。
・怒っても変わらない。
・自分ならこんな考えはできず、キレると思う。
・バナナを投げたサポーターのひどさがより目立つ。

第5章 「社会参画」世のため人のため —社会とのつながり—

4 日本のサポーターはこういうことをしないと思いますか。
■単純な図式で考えさせないようにというねらいの発問である。
挙手で確認した。理由は聞かない。
・する…5人　　・しない…28人
「しないと考える人が多いですね。残念ながら日本でも，2014年3月にあるチームのサポーターが差別的と取れる表現のプラカード『JAPANESE　ONLY』を使ったことによる無観客試合がありました。ダニエウ選手に対する人種差別的な行為をしたサポーターも，この日本のサポーターも自分が応援するチームを応援して選手を盛り上げるという気持ちがあったのかもしれませんが，先ほどの発表にもあったように，応援の方法は考えてほしいですね」と話した。
「一方で」と言って，次を問うた。

5 ワールドカップ大会の日本のサポーターがすばらしい行為をしたと，世界のメディアに取り上げられていることがあります。どんなことだと思いますか。
■最後に美しい生き方であると感じさせる資料と印象的に出会わせるための発問である。
・ゴミ拾い…多数　　・礼儀正しさ
・まとまり…2人　　・団結
「よく知っていますね。試合が終わった後のサポーターによる会場のゴミ拾いのことです」と言って，資料1を配付した。以下，外国のメディアがどう伝えたかを資料1を使って知らせた。
「さらに数日後，日本人サポーターが試合後，観客席のごみ拾いをしたことに敬意を表し，開催国ブラジルのリオデジャネイロ州政府環境局は，サポーター代表として駐リオデジャネイロ日本総領事に表彰状を手渡しました」と説明し，そのことに関する次の発問をした。

6 表彰状を受けとった総領事は，「日本にはどのような文化がある」と言ったと思いますか。
■自分の生活に関係する話であることを知らせるための発問である。
・片付けを好む習慣。
・あとから来る人へのおもてなし。
・すっきりした状態が好き。
資料2を生徒に配付し範読した。「小学校の歓迎遠足のときだったか，来た時よりも美しくと号令を飛ばしていた担任の先生のことが紹介されていますね。また，総領事は『日本の学校では下校前，生徒らが教室を掃除する文化がある』と紹介したそうです」と説明すると，生徒から「いつもやっているよね」という声が上がった。
「このようにサポーターがゴミ拾いをするようになったのは，実は今に始まったことではなく，1998年フランス大会からだそうです」と補足した。
「今度はこのことを自分に置き換えてみましょう」と言って，次の発問をした。

7 学校生活の中で，中学生として，人として行うべき当然のことってどんなことがあるでしょうか。
■美しい生き方をしているかを振り返らせる発問である。
・勉強　　・掃除　　・思いやり
・手伝い　・宿題　　・係活動
「ほめられたり表彰されたりすることのない，いわば当然のことを率先してやることができていますか。掃除もそうですね。自分の今の状況を振り返ってどうですか。掃除，手伝いなど当然やることとして受け止めていますか。見返りをもとめない行為でしょうか。あなたの姿は『美しい』でしょうか。考えてみましょう」と言って，自分自身のことを考えさせた。
感想を書くように指示をして授業を終えた。
・今の自分の姿は美しくないと思う。すぐ愚痴を言ったり文句を言ったりしている。なんだかもっと大きな人間になりたいと思った。
・サポーターの方はずっと前からしてきていると今日はじめてわかった。自分のチーム，サッカーが好きなんだと思う。当然のことは美しい。正しいことは美しい。なんだか素敵な言葉だと思った。

● 資料1　サッカーW杯日本サポーター世界が称賛 敗戦後にゴミ拾い

　サッカー・ワールドカップ（W杯）ブラジル大会で、日本―コートジボワール戦の観戦を終えた日本人サポーターが、客席のゴミを片づける画像が世界に広まり、各国の主要メディアから称賛されている。

　ブラジルの有力紙「フォーリャ・デ・サンパウロ」（電子版）は15日、北東部レシフェで14日行われた試合の終了後に始まったゴミ拾いについて、「日本は初戦を落としたが、礼儀の面では多くのポイントを獲得した」と報道した。

　英紙インデペンデント（電子版）は16日、「日本の観衆がワールドカップの会場でゴミを集めたことは他国のサッカーファンにショックを与えた」と伝えた。

　韓国の聯合ニュースは16日、日本人サポーターについて「敗北の衝撃に包まれながらも、破壊的な行動をせず、ゴミを拾い始めた」と指摘。画像は、中国のインターネット・ニュースでも伝えられ、国営新華社通信の中国版ツイッター「微博」には、「日本のいい伝統は学ぶ価値がある」などの書き込みがあった。

　サポーターによる観客席のゴミ拾いは、日本がW杯に初出場した1998年フランス大会から行われている取り組みだという。試合中膨らませて応援する青い袋を、試合後はゴミ袋として活用した。

読売新聞　2014年6月18日付

● 資料2　水や空／来た時よりも美しく

　「立つ鳥跡を濁さず」と最初に教わったのは小学校の歓迎遠足だったか。「いい？　来た時よりも美しく、だよっ」と号令を飛ばしていた担任の先生の笑顔も懐かしく思い出させてもらった。「世界を驚かせたい」は、サッカー日本代表の選手たちが口々に語る合言葉だが、一足早く、それをやってのけたのはサポーターだった。チームが逆転負けを喫したW杯1次リーグ初戦の試合後、観客席のごみを集めて回る姿が紹介され、内外に称賛の声が広がっている。スタジアムの熱気を詰め込んで、応援席をチームカラーの「サムライブルー」に彩ったビニールの袋が、試合終了の笛を合図に本来の用途を取り戻す。熱い声援との"落差"がさわやかに楽しい。W杯では、初出場のフランス大会から続く伝統のお家芸だ。はるばる地球の裏側まで応援に駆けつけて目にしたのは、悔し紛れにいすの一つも蹴飛ばしたくなりそうな惜敗。その失意をぐっとのみ込み、整然と掃除を始めた彼や彼女が「ニッポンの好感度」の上昇に果たした役割は計り知れない。

長崎新聞　2014年6月20日付

（長崎県　吉田綾子）

第5章 「社会参画」世のため人のため －社会とのつながり－

私の道徳授業づくり
田中利幸の場合

■**中学校教諭歴**（平成26年度末） 5校・22年。
■**『中学校編とっておきの道徳授業』シリーズNo.1〜12** 掲載の開発実践数36本
　【代表作】「西田さんにとっての受験とは」(No.1)，「ガッツ！」「渡るか，渡らないか」(No.2)，「漫画家になるまでに」(No.5)，「てをつなごう　だいさくせん」(No.10)
　　　　　　　　　　　　　　　　　　　　　　　　　　＊（　）内はシリーズNo.です。

 道徳授業を資料開発から始めるようになったきっかけは？

A　最初に赴任した学校が極小規模校だった。初めて担任をしたとき，クラスには生徒が1名しかいなかった。それでも初任者なので指導書の展開どおり道徳授業を続けた。自分自身でもツマラナイ授業だった。担任2年目の春，『道徳授業を楽しく』という雑誌に出会った。季刊誌だったので次号が出るのを楽しみにしてむさぼり読んでいた。
　そこには自分が行ってきたツマラナイ道徳授業はなかった。そこから追試を行い，自分でも授業を作りたいと思った。そのときから少しずつ資料開発をするようになっていった。

 道徳授業づくりで大切にしていることは？

A　とにかく，自分自身で「楽しい」と思うことを道徳授業づくりでは気をつけている。自分自身でツマラナイと思うものは，生徒も「ツマラナイ」と思うだろうからだ。ただ，少し前から「生徒はこのことについてどう思うのだろうか」という生徒の考えを知りたいという欲求も強くなった。自分も歳を重ね，目の前の生徒よりも生徒の親に近い歳である。年々，生徒との考えが自分の考えと遠くなっていくように感じている。その距離感が遠くならないようにするためにも，生徒の意見を聞くということを意識している。
　また，道徳授業でも「教える」ということを意識するようになった。これ

田中流！ 道徳授業づくりの手順

までは教師の伝えたいことを伝えるということに主眼を置いてきたが，目の前の生徒を見ると道徳的常識にかけるところがあると感じることもある。そこで，大切だと思ったことは黒板に色チョークで書き，「写しなさい」と指示するようになった。

　道徳授業は楽しく，しかも伝えたいことを伝える。ただし，教えたいことはしっかりと教えるというスタンスが，最近の道徳授業づくりで大切にしていることである。

1 本から資料になるものを探す

　自分の基本は本を読むことだ。何と言っても本は資料にしやすいからだ。授業の準備に時間がなかなかかけられない。毎回毎回，映像や音楽を準備するのは時間的にキツイ。そういう場合，本がぴったりだ。
　本は，そのまま印刷すれば生徒に配れる。また，その印刷物に書き込みもできるし，ワークシート代わりにもなる。大切なところに線を引かせることもできる。多くの学校では今でも紙媒体が主役だ。生徒も慣れている。
　このような考えから，最近は専ら本から資料になるものを探している。

▼

2 主発問を考えるよりも，そこまでの発問を考える

　授業の展開は，もちろん主発問から考える。ただ，深く考えないと主発問が浮かばないときは，それは資料が悪いと考える。資料がよければ，自然と主発問が頭に浮かんでくる。主発問が決まったら，その主発問にいくための伏線としての発問を考える。謎解きの逆のような感じだ。この伏線となる発問がうまくつながれば，主発問まですんなりと授業は進んでいく。主発問のための発問を考えることが，授業づくりではいちばん大切でもあり，腕の見せ所でもあると思う。この試行錯誤の時間がとてつもなく楽しい。

3 工夫を考える

　主発問とそこまでの発問を考えたら，それで終わり。授業の終末はよほどのことがない限りは授業の感想を書かせている。だから終末の工夫はほとんどない。ただ，工夫できるところがあり，時間があるならば工夫する。例えば導入の部分で使う資料をＡ３判に拡大カラーコピーするとか，資料の提示方法として簡単な冊子にするとか，終末の工夫としての説話を考えたり探したりするとかだ。工夫はしないよりもしたほうがよい。ただし，「策士策に溺れる」という言葉があるように，工夫しすぎて失敗しないように心がけたいものである。

4 毎時間，授業の感想を生徒に書かせる

　授業の感想は基本的に毎回書かせることにしている。生徒自身が自分を振り返る時間になるからだ。ただ，年度当初はどうしても書けないという生徒が出る。そのとき，「感想というのは，授業で思ったこと，考えたこと，わかったこと，初めて知ったことなどだよ」と書く内容をくわしく教える。すると，考えたり，考えたことを書いたりするのが苦手な生徒も「初めて知ったこと」ならば書けるので，生徒全員が書けるようになる。
　感想自体は浅いものから深いものまでいろいろとあるが，これについては基本的に指導しない。ここで指導を始めると先生のほしい文章は何かという答え探しになってしまう。１年間，授業の感想を書き続けると書く力がつく。苦手だった生徒も書けるようになる。
　以前，自分が開発した道徳授業を他のクラスで追試し，感想を書かせたことがあった。そのとき，１年間書き続けたクラスとそうでないクラスで大きな差が如実に表れたことがあった。「継続は力なり」である。

田中流！　道徳授業づくりの手順

5 授業の記録をとる

　授業の記録を自分でとる。この作業を行うと自分の授業の弱点が見えてくる。授業の記録をとるといっても，そんな大げさなことではない。発問と生徒の答え，だいたいの経過時間を書くだけだ。この作業を行うことで，発問を考える「予習」に，記録をとるという「復習」が加わり，授業づくりの力量がアップすると考えられる。

▼

6 最後は気持ち

　授業づくりは一朝一夕ではうまくいかない。特に週に1回しかない道徳授業であればなおさらだ。しかし，上記の点に気をつけて資料を選び，実践を行っていけば道徳授業は自分で作れるようになる。「生徒のために道徳授業をよりよくしたい」という気持ちがあれば大丈夫。必ずできる。

おわりに

　個人的なことですが，平成26年度は教育行政から現場に戻ることができ，教頭という立場で勤務校の先生方の道徳授業研究に関わることができるようになりました。ちょうど1年間の研究指定を受けて道徳の授業研究に学校単位で取り組むことになり，先生方は熱心に取り組まれました。先生方の取り組みの熱意は本当にすごいのです。それはそれは「もう少し落ち着いて！」とセーブをかけるくらいでした。公開授業が終わった後も，「ぜひ次年度も道徳授業の研究を継続して進めていきたい」という声がたくさん上がりました。なぜか？　「よい資料を求める」「生徒の驚きを演出する展開をする」「動きのある学びを取り入れる」の3つに絞ったわかりやすい研究，研究部長や道徳教育推進教師のリーダーシップ，研修で一流の先生方の授業を参観することで得た「おもしろい授業」のイメージの共有化，そして，公開授業は授業者が惚れ抜いた資料で授業づくりを行ったことによる主体感などが理由に挙げられます。まとめると，「主体的に楽しく進めた道徳授業研究」といえるのではないでしょうか。

　そして，本書ではその公開授業のなかから「いじめる側の心を変える」「すれ違いざまの優しさ」の2つを掲載しました。参観された先生方が「感動した。授業内容も，先生の指導も」と講評されていった授業です。

　次は本書を手に取った「あなた」の番です。素敵な道徳授業を創りませんか。子供たちのために，そして中学校教師を職として選んだ自分自身のために。

　　2015年6月1日

桃﨑剛寿

道徳授業開発のすすめ

あなたが創出した道徳授業が
「どこかの中学生」を支えるかもしれない，
救えるかもしれない！
だからこそオリジナル道徳授業を開発し実践されたら，
それを自分だけのものにしないで，広く公開してほしい。
そうして「道徳のチカラ」中学の同志になってほしい。

〈 道徳授業記録募集要項 〉

1．内容　自分自身で開発した道徳授業の実践原稿。
　　　　プランや指導案でも可。
　　　　執筆依頼が決定したら，以下の形式での作成を依頼します。

2．形式　本書の各実践原稿の2～3頁（見開き）を参照。
　　　　授業記録の書式は，A4判2枚，20字×35～40行の2段組です。

3．送り先　担当：桃﨑剛寿
　　　　①メール　t-momosaki@nifty.com
　　　　②郵送　〒861-8083熊本市北区楡木3-8-46　桃﨑剛寿
　　　　メール，郵送，どちらでもかまいませんが，編集作業の都合上，メールでのご応募を歓迎します。一太郎またはワードで執筆して，添付ファイルでお送りください。

4．その他　掲載原稿には，規定の原稿料をお支払いします。
　　　　なお，著作権・出版権は，主催者（道徳のチカラ）と出版社（日本標準）に属します。

例年8月の第1土曜日に「道徳のチカラ」全国大会が東京で開催されており，そこで実践論文審査が行われます。A評価が出された実践記録は優先的に掲載をしております。

編著者紹介

桃﨑剛寿（ももさき・たけとし）
1989年熊本大学大学院教育学研究科数学教育専攻代数学専修修了。熊本県中学校教師に。県立教育センター道徳担当指導主事，熊本市教育委員会生徒指導担当指導主事を経て，現在熊本市立白川中学校教頭。教育サークル「道徳のチカラ」副長兼中学代表。
『中学校編とっておきの道徳授業』シリーズ1〜11（編著，日本標準），『数学脳』（共著，日本実業出版社），『「中学生を変えた」奇跡の道徳授業づくり』（日本標準）など，著書多数。
道徳のチカラ公式サイト　http://www12.wind.ne.jp/kaikaku/

執筆及び編者一覧（五十音順）

（2015年6月1日現在）

池部聖吾智	熊本県八代市立第三中学校	馬場真澄	栃木県大田原市立黒羽中学校
植村敦子	熊本県八代市立第三中学校	原口栄一	鹿児島県鹿児島市立甲東中学校
緒方茂	長崎県佐世保市立福石中学校	稗島敏	熊本県熊本市立白川中学校
岡部仁	長野県上田市立真田中学校	牧野健宏	神奈川県平塚市立中原中学校
合田淳郎	東京都杉並区立杉森中学校	武藤寿彰	静岡県静岡市立竜爪中学校
佐藤朋子	山形県山形市立第十中学校	村上智治	熊本県熊本市立白川中学校
篠原孝司	千葉県大網白里市立増穂中学校	桃﨑剛寿	熊本県熊本市立白川中学校
関根洋介	東京都足立区立第九中学校	山中太	長崎県佐世保市立愛宕中学校
角田美香	熊本県熊本市立白川中学校	吉田綾子	長崎県平戸市立田平中学校
小林輝良	群馬県高崎市立佐野中学校	和氣臨太郎	栃木県大田原市立黒羽中学校
田中利幸	栃木県足利市立第二中学校		

※本文中のウェブサイトのURLやメールアドレスなどの連絡先は，2015年6月末現在のものです。

JASRAC　出　1508283-501

中学校編　とっておきの道徳授業12
現場発！「道徳科」30授業実践

2015年8月20日　第1刷発行
編　著／桃﨑剛寿
発行者／伊藤潔
発行所／株式会社 日本標準
〒167-0052　東京都杉並区南荻窪3-31-18
電話　03-3334-2630（編集）
　　　042-984-1425（営業）
URL：http://www.nipponhyojun.co.jp/

表紙・編集協力・デザイン／株式会社 コッフェル
イラスト／タカミネシノブ
印刷・製本／株式会社 リーブルテック

◆乱丁・落丁の場合はお取り替えいたします。

ISBN 978-4-8208-0591-5

本書付属のCD-ROMについて

　本書には，掲載したオリジナル道徳授業30本に対し，それぞれの授業で活用できるパワーポイントデータをマイクロソフト社「パワーポイント2010」で作成し，巻末の付録CD-ROMに収録しました。

　視覚的に訴えるパワーポイントは生徒にとってわかりやすく，スライドに集中することで，授業にも一体感が生まれます。思考を活性化させる意味では，資料を印象的に提示できるので，驚きを引き出したり，問いを導いたり，感動を導いたりするのに有効です。このように，生徒の関心を高め，思考の活性化へ結びつけることができます。

　また，授業づくりにおいては，授業構成を考えるときにアイデア豊かに考えることを助けてくれます。道徳授業の活性化とともに，授業づくりのヒントとしての活用の一助になればと願います。

データの例（3章－5「すれ違いざまの優しさ」より）

  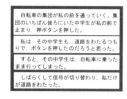 

以下の点に留意して使用してください！

1 本データは，利用する方が自由に作り替えることができます。ただし，作り替える部分に画像等，他人の著作物を掲載する場合は，基本的に著作者の許諾が必要です。利用する方が許諾を得て使用してください。

2 「教育を担任する者及び授業を受ける者」（多くの場合は授業をされる方）が，パワーポイントを授業で使用するために，ウェブサイトなどに掲載されている画像を取り込むことは，著作権法の許諾なしに実行できます。

　ただし，本データには，権利者の許諾を得ている写真や文章があります。また，利用する方が作り替えた部分に他人の著作物が含まれる場合もあります。これらの場合，公開授業の学習指導案に掲載するなど，授業外で使用したり，頒布のために複製したりするには，権利者の許諾が必要となります。利用する方が許諾を得てご使用ください。

　また，改正著作権法では違法ダウンロード行為に対する刑罰化が加えられました。YouTubeなどの視聴は違法ではないのですが，専用ツールを使って動画をダウンロードすると処罰の対象になる可能性があります。

3 本パワーポイントデータは，動作環境によって表示や動きに不具合が起きることがあるかもしれません。使用の際には，授業の前に動作確認を行ってください。

2015年6月1日　　　　　　　　　　　　　　　　　　　　　　　　　　　　桃﨑剛寿

CD-ROMのご使用条件

※以下の使用条件をご了承の上，ご使用をお願いします。
・CD-ROM（本製品）は，『中学校編 とっておきの道徳授業12』の付録です。
・本製品は，書籍を購入された方のみ使用できます。
・本製品のデータの編集著作権は，株式会社日本標準および編著者に帰属し，ユーザーに譲渡されることはありません。
・本製品のデータを商業目的に使用することはできません。
・本製品の内容の一部または，全部を，無断で第三者に譲渡，販売，貸与，配付することはできません。
・本製品の運用結果について，弊社はいかなる場合も責任を負いません。

CD-ROMの動作環境

ＯＳ：WindowsXP/Vista/7/8/
ＣＰＵ：350MHz以上（800MHz以上推奨）
本体：上記OSが正常に動作するもの
プリンタ：A4判以上対応のもの
CD-ROMドライブ：必須
ブラウザ：Internet Explorer 9.0以降
パワーポイントの編集・閲覧
　　　　：PowerPoint 2007以降推奨
PDFファイルの閲覧：Adobe Reader 9以降
※記載の会社名，製品名は各社の商標または登録商標です。

➡CDが自動的に再生されない場合，または何らかの警告が表示される場合には，「コンピューター」（Windows XPでは『マイコンピュータ』）を開き，CDドライブを右クリックして「開く」を選択してください。この操作でCDのフォルダが開きますので，「index」をダブルクリックしてください。